KB210622

사랑하는 이들을 기도로 지키기 원하는

_____ 님께 드립니다.

지키는 기도

하나님이 내게 맡겨주신 사랑하는 이들을 위한 기도

지키는 기도

송준기

규장

인생 최후의 15분 기도시간이 주어진다면

낳은 지 3일 된 첫아이를 두고 죽을 뻔했다.

새벽 2시, 금요 철야예배를 마치고
분당의 한 산후조리원에 가는 길이었다.
거기에 아내와 첫아기가 있었다.
판교IC를 막 빠져나가는데 정면에 헤드라이트가 보였다.
그리고 역주행 차량과 정면충돌했다.
나는 잠깐 정신을 잃었다.

근처에 대기 중이던 견인차의 경적이 들렸다.
깜빡이는 비상등 불빛도 보였다.
구급대원이 차 문을 열었다.
차에서는 연기가 나고 있었다.

몸이 전혀 움직이지 않았다.

들것에 실려 가면서 사고 현장을 보았다.

중앙선을 넘어온 상대 차량은

바퀴 하나만 떨어져 나갔는데

내 차는 엔진룸 부분이 거의 없어졌다.

다음에는 더 큰 차를 타야겠다는 생각이 들었다.

주말 새벽 응급실에는 사람들이 많았다.

전신 엑스레이부터 찍었다.

다행히 뇌와 장기들, 신체 중요 부위는 멀쩡했다.

뇌진탕과 오른손 복합골절이 있을 뿐이었다.

조리원에 전화를 해야겠다고 생각하는 사이

응급조치가 끝났다.

아내에게 다녀오겠다고 했더니 의사가 만류했다.

내가 죽을 뻔했기 때문이라며

날이 밝는 대로 손을 수술해야 한다고 했다.

나는 안 죽었고, 당장 수술해야 하는 것도 아니었다.

입원 수속을 해두고 조리원으로 향했다.

그새 6통의 부재중 전화가 와 있었다.

다음 날부터 문병이 이어졌다.

믿음이 없는 이모들은 액땜했다며 위로했다.

출산을 축하하러 왔던 친구들은 내 사고 소식에 놀라

상대 차량을 고발하겠다며 성을 냈다.

그런데 내 첫아이의 엄마는

남편의 팔을 붙들고 이렇게 기도했다.

"하나님, 죽다 살게 해주셔서 감사합니다.

아무것도 없이 태어났는데

가정도 주시고, 새 생명도 주시고,

오늘은 사고 가운데 무사함을 주셔서 감사합니다.

당신은 평안할 때나 아닐 때나 우리의 주님이십니다.

이 사고 가운데서 우리를 건져주신 분도 주님이시고,
그리 아니하실지라도 당신은 우리의 주님이십니다.
너무너무 감사합니다.
당신을 사랑합니다.
우리를 지켜주셔서 감사합니다.
예수님의 이름으로 기도합니다, 아멘."

죽다 살게 해주셔서 감사하다니 감사했다.

천국 가도 좋았겠지만, 가다 만 것도 괜찮았다.
그러다 문득 크리스천 존재에 대한
새로운 통찰이 떠올랐다.
많지는 않지만 드물지도 않은 일, 일상다반사,
'죽다 산 경험'이 사람들에게는 간혹 있다.
무용담이 되기도 하고 인생 전환점을 맞기도 하는
'요단강 건널 뻔한 경험.'
하지만 그리스도인은 어중간하게
'죽을 뻔'한 인생을 살지 않는다.
오히려, 아예 죽는다.
확실히 끝장난다.
그리고 다시 태어난다.

그리스도인은 죽다 산 게 아니다.

죽었고, 살았다.

성경이 말한다.

예수 안에서는 죄에 대해 죽고 의에 대해 산다(롬 6:11).

새 생명을 얻는다(롬 6:4).

몸도 새것이 되며(골 1:24),

언행도 새로워진다(엡 5:8).

그런즉 누구든지 그리스도 안에 있으면 새로운 피조물이라

이전 것은 지나갔으니 보라 새것이 되었도다 고후 5:17

예수 안에서 새롭게 된 인생은

기도 호흡이 필요하다.

거듭나지 않은 사람이라면 몰라도,

예수님을 믿는 사람이라면

기도를 지속해야 한다(롬 12:12).

종교개혁가 마틴 루터(Martin Luther)는

기도를 새 생명의 호흡에 비유하며 이렇게 말했다.

To be a Christian without prayer is no more possible

than to be alive without breathing.

기도 없는 크리스천이 된다는 것은

호흡 없이 살아있는 것만큼이나 불가능하다.

새 생명을 얻으면 새 호흡이 터져나오기 시작한다.

바로 '기도'다.

이전에는 한 번도 맛본 적 없는 생명의 들숨과 날숨이

피와 살에 새 생기를 공급한다.

호흡은 에너지 발화원이다.

피가 돌고 뇌가 기능하며 세포들이

제 역할을 감당하게 만든다.

기도 역시 신앙생활의 역동점이다.

그리스도의 보혈이 내 인생에서

제 기능을 하도록 하는 생명의 불꽃이다.

시체는 숨 쉴 필요가 없고,

불신자는 기도할 필요가 없다.

하지만 신자라면 기도 호흡은 필수다.

새 인생의 생사가 달린 문제다.

내 생명뿐 아니라 내가 사랑하는 이들의 생명도 포함이다.

그래서 기도자들은 생명을 지키는 사람들이다.

생각해보라.

인생 최후의 15분 기도시간이 주어진다면
누구를 위해, 어떤 기도를 하겠는가?
가장 사랑하는 사람들을 위해 하지 않겠는가?
나 역시 아내와 아이들을 위해 기도할 것이다.
왜냐면 하나님께서 내게 맡겨주신 영혼들이며,
가장 사랑하는 이들이며
내 소명이 그들을 지키는 데 있기 때문이다.

이왕이면 최후의 15분이 되기 전에 미리 기도하겠다.
매일 새벽과 밤에 이들을 위해 기도하겠다.
또 어느 날 어떤 사고 현장에서
'죽을 뻔'보다 더한 일이 일어나기 전에
오늘부터라도 시작해서 매일 차곡차곡 기도해두겠다.

서론이 길었다.
이제 책을 시작해야겠다.
먼저 당신에게 질문을 던지고 싶다.

혹시 죽을 뻔했던 때가 있었는가?

그때 누가 가장 생각났는가?

당신은 지금 그를 기도로 지켜주고 있는가?

내가 그들과 함께 있을 때에 내게 주신 아버지의 이름으로

그들을 보전하고 지키었나이다 요 17:12

CONTENTS

1

제발 기도 좀 하자는
얘기를 할 것 같으면
이 책을 쓰지도 않았다

제자들에게 오사 그 자는 것을 보시고 베드로에게 말씀하시되 너희가 나와 함께 한 시간도 이렇게 깨어있을 수 없더냐 마 26:40

트래픽 파이터

알람이 분명히 울렸을 텐데 또 못 일어났다.

눈떠보니 아침 8시. 간당간당하다. '일단 회사에 가서 쉬는 시간에 씻자' 하며 어제 벗어놓은 옷에 팔다리를 욱여넣는다. 노트북 가방을 들고 뛰어나가다가 번뜩, '아차! 휴대폰!' 신발 한 짝을 벗어던지고 방안을 외발로 뒤적인다. 침대 위 어딘가에 있을 휴대폰….

일어난 지 8분 만에 버스 정류장에 도착. 뛰어와서인지 아니면 어제 야식 때문인지 갑자기 속이 쓰리다. 사람들이 별로 없는 걸 보니 방금 버스가 떠난 것 같다. 어차피 지금은 출근 시간이라 택시를 타도 도긴개긴. 일 분이 일 초 단위로 느껴지는 기다림 끝에 다음 차가 온다.

드디어 시작된 출근길 트래픽. 평소에는 30분 거리인데 이 시간에는 늘 57분쯤 걸린다. 오늘도 트래픽 파이터들 사이에서 구깃거리던 몸을 이끌고 직장 건물 로비에 도착, 출입 카드를 찍고 엘리베이터에 탄다. 터져나오는 한숨과 감탄.

"헐…!"

하루가 다 지난 것 같은 피곤이 벌써 몰려온다.

아차, 새벽기도!

사무실이 있는 6층에 도착하기까지 잠시 휴대폰을 본다.

교회 지체들 카톡방에 확인해야 할 톡 숫자가 119개나 쌓여있다. 뭔 일 있나 한두 줄 읽다 보니 번뜩 기억난다.

'특새 첫날이었군!'

이미 새벽기도회에 다녀온 지체들이 말씀과 기도의 은혜를 나누느라 채팅창은 와자지껄. 다 읽지도 못한 채 엘리베이터는 사무실 앞이다.

다른 동기들은 이미 업무를 시작했다. 부장님과 잠시 눈이 마주친다. 멋쩍게 인사하며 자리에 앉는다. 1분 지각도 가시방석이다. 책상 위에는 앞으로 8시간 동안 꼼짝없이 완수해야 할 목록이 쌓여있다. 그런데 카톡방이 신경 쓰인다. 슬그머니 짜증이 난다.

'이건 불가능해! 이렇게 바쁜데 어떻게 기도를 한다는 거

지? 그것도 새벽기도라고? 그런 건 놀고먹는 사람이나 할 수 있는 게 아닐까?'

기도는 어렵다

읽다 보니 남 이야기 같지 않다.

군이 직장인이 아니어도 기도는 우선순위 저 뒤에 있다. 바쁜 일이 너무 많다. 온라인 게임, 쇼핑, 그리고 넷플릭스 시청을 하다 보면 기도할 시간은 히말라야 중턱의 산소량보다 희박해진다.

기도는 늘 골칫거리다. 우선순위를 기도에 두어도 마음뿐이지 실행이 잘 안 된다. 무릎 꿇고 주님과 대화를 시작하면 하필 그때 전화벨이 울린다. 무심코 받아보면 엄마다. 서로 안부를 묻고 몇 마디 하다 보면 마음이 상한다. 상한 기분으로 기도의 자리로 돌아가고 싶지 않다.

기도시간에 전화기를 꺼놔도 문제다. 주님을 부르며 손을 모았는데 3분이 지나면 할 말이 없어진다. 대신 온갖 생각으로 집중력이 약해진다. 만나야 할 사람, 읽어야 할 뉴스 기사, 쌓인 집안일, 갑자기 하고 싶어지는 운동, 먹고 싶은 음식…. 이런 경험은 전에도 있었다. 공부 빼고 뭐든 다 하고 싶은, 시험기간 같다.

기도에 전심전력 집중해도 문제다. 잘 믿어지지 않는다.

'왜 꼭 기도여야 할까? 혹시 시간낭비는 아닐까? 기도할 시간에 차라리 한 끼라도 더 든든히 먹고 뭐라도 일을 진행해야 하지 않을까? 기도한다고 뭐가 달라지기는 할까? 기도 안 하는 사람들도 잘 먹고 잘 사는데 말이지.'

기도에 전력하여 하늘의 은혜가 임해 믿음이 더 커지면 문제가 없을까? 아니다. 기도하면 하나님의 능력이 나타나고, 하나님께서 영광 받으신다. 하지만 죄인은 이것이 싫다.

'내 영광은 어디에 있는가? 놀라운 기적이 일어난들 그 중심에 하나님만 높임 받으시면, 내가 누구 좋으라고 기도하는가? 나는 흥하고 그분이 쇠하는 열매가 필요하다. 나! 나! 나는!'

기도에 집중하며, 진실한 믿음으로 '하나님께만' 영광 돌리더라도 문제다. 기도자는 결국 주님의 손에…. 휴우~ 더 말해봤자 뭐하겠는가.

그래서, 기도는 어렵다.

나는 기도하기가 어렵다. 그것은 내가 죄인이라는 사실을 반증한다.

_E. M. 바운즈

기도해야 기도한다

나는 다섯 살부터 기도했다.

기도꾼 어머니 덕분이었다. 기도를 어떻게 하면 할 수 있는지 내가 그 분에게 배운 건 두 가지다.

첫째, 기도는 항상 어렵다.

기도는 거룩한 일인 데 반해 우리는 거룩과 거리가 먼 죄인이기 때문이다. 기도는 예수님의 중요 업무였다(눅 5:16). 거룩한 일이었다. 그런데 이 일을 우리에게 시키셨다(요 16:24). 차라리 고양이에게 생선을 맡기시지, 죄인에게 가장 거룩한 일을 맡기시다니! 기도는 원래 죄인과 어울리지 않는다.

이것을 나는 어머니에게서 배웠다. 어머니는 '자주, 억지로' 기도하셨다. 홀로 쓰리잡(three job)을 뛰며 자식들을 키우고 시어머니를 모시던 시절, 가장 바쁘고 피곤한 날에도 새벽과 밤에 기어코 기도하러 가셨다.

둘째, 기도는 습관이다.

어머니는 기도가 저절로 되는 것이 아님을 몸으로 보이셨다. 잠을 덜 자도, 일을 끝마치지 못해도, 혹은 높은 사람이 만나자고 불러도 기도시간이면 기도자리로 가셨다. 기도가 이벤트가 아님을 나는 배웠다.

예수님은 우리의 기도 기준이시다. 사실 그분은 하나님이시라 기도할 필요가 없으셨다. 그럼에도 우리에게 기도가 습관임을 보이셨다(눅 22:39). 모범을 보이셨다.

기도는 죄인들이 하기에 어렵고 힘들다. 거룩한 일이기에 그렇다. 그래서 습관으로 진행해야 한다. 하고 싶을 때 하는 일이 아니다. 운전과 비슷하다. 처음에는 낯설고 어렵지만 반복을 통해 무의식적으로도 운전이 가능해지는 것과 같다.

정해진 때가 되면, 정해진 장소로, 저절로 들어갈 수 있을 때까지 기도해야 기도한다. 도살장에 끌려가는 양처럼 습관에 매여 기도자리로 가야 할 수 있다. 기도가 될 때까지 기도에 길들이는 시간을 통과해야 기도한다.

내가 내 몸을 쳐 복종하게 함은 내가 남에게 전파한 후에 자신이 도리어 버림을 당할까 두려워함이로다 고전 9:27

뻔한 것

어머니의 모범 덕에 내게도 기도 습관이 주어졌다.

그럼에도 나는 기도시간마다 선택의 기로에 선다. 목사가 되고, 교회를 개척하고, 사역을 진행 중인 지금까지도 나는 두 가지 옵션을 매일 만난다. 하나는 기도 빼고 다른 일을 하는 것이고, 다른 하나는 기도가 전부인 것처럼 살며 나머지 일을 진행하는 것이다. 많은 경우 전자는 스마트해 보이고 후자는 바보 같다(당신은 그 '바보'가 되고 싶어 한다. 이 책을 집어 든 것만 봐도 뻔하다).

우리는 안다. 성경에서 봤고, 선배들에게 들었고, 또 삶에서도 경험했다. 기도 안 하면 자기 힘으로 살 뿐이지만, 기도하면 하나님의 능력에 잇닿아 산다는 것을.

물론 기도는 그 자체로도 너무 훌륭하다. 창조주 하나님과 일대일로 대화가 가능하다니! 이는 무엇보다 중요할 뿐만 아니라 성도라면 누구나 꼭 하고 싶은 일이다.

기도하고 싶은가?

나는 검암동의 한 커피숍에 매일 출근한다.

거기서 하루 3시간씩 이 책을 썼다. 당신 때문이다. 당신의 마음을 먼저 읽었기 때문에 시작한 일이다. 하루에 약 29,000부의 새 책이 출간된다고 한다. 당신은 그 중에서도 하필 기도에 대한 책을 집어 들었다. 그리고 벌써 첫 장을 거의 다 읽었다. 그 마음은 뻔하다.

'기도를 하고 싶다!'

기도를 실행할 때 부딪히는 여러 종류의 어려움 앞에 좌절했는가? 기도를 꼭 해야 한다는 사실도 알고, 정말 하고 싶지만 잘 안 되는가?

"그 정도 기도한 것도 훌륭합니다"와 같은 언 발에 오줌 누기 식의 위로로 아무것도 이룰 수 없다고 생각했는가? 팩트폭격을 당해도 좋으니 정신을 차리고 기도꾼이 되기까지 기도의 자리에서 몸부림치고 싶은가? 스마트하고 바쁘게 종일 움직이기보다는 기도의 자리를 고집하느라 멍청이 취급을 받고 싶은가?

기도에 대해 자신이 얼마나 무지하며, 악하며, 게으른지를 고발당하고 싶은가? 어떻게 하면 기도 습관을 갖고 살면서 "내 코가 석 자다!" 대신, "나는 코가 오뚝하니 이제 네 코를 돕겠다!"라고 외쳐보고 싶은가?

질병도 가난도, 취업이나 사업의 실패도, 관계의 문제도, 빚도 스트레스도 초월해보고 싶은가? 온 우주 만물을 말씀으로 창조하신 우주 최고의 권력자와 면대면의 친밀한 대화를 매 순간 하고 싶은가?

태도를 바꾸어서 사랑하는 마음을 기도의 기회로 삼아라.
외견에 눈멀지 말고 당신이 사랑하는 이들의 심령을
기도의 자리에서 주님과 함께 들여다보라.
당신이 사랑하는 영혼들을 향하신
성령님의 탄식을 들어보라.

길 찾아 헤매다 탈진하지 말고 길 되신 예수께 나가라.

어둠은 밝히고 죽음은 살려라.

"아, 맞다! 기도!" 그런 말 멈추고

네 양 정강이 뒤에 몽둥이라도 갖다 둬라.

사탄의 세력을 기도로 묶고 어둠의 묶임을 기도로 풀고

천국의 능력이 불처럼 번지도록 부르짖어라.

2

그래. 기도 불은 이렇게 지피는 거지

아침 8시의 저주

건강검진 결과, 다이어트 안 하면 죽는다고 한다.

전문가의 소견이라 뜨끔하다. 올 것이 왔다는 생각도 든다. 그동안의 불규칙적인 잠과 식사가 불안하던 참이었다. 의사가 정기적인 운동과 식습관 개선이 없으면 정말 큰일 난다고 한다. 콜레스테롤 수치와 신체 나이 그래프를 보여주는데 나도 놀랍다. 병원을 나서자마자 헬스클럽에 등록한다. 일 년 치 회비를 낸다. 그리고 당장 운동을 시작한다.

그날 밤 허리가 아프다. 무릎도 삐걱거리는 느낌이고 팔, 다리, 목, 관절들이 다 뻐근하다. 파스를 찾아 뒤척거리다가 좀 늦게 잠들었는데, 눈떠보니 또 8시다!

내 얘기는 아니지만 남 얘기 같지도 않은 다이어트 실패담이다. 기도하고 싶어도 못하는 상황은 다이어트와 닮았다. 다이어트만큼이나 기도 역시 꼭 해야 한다는 사실을 알고 있다. 기도는 습관이라는 것도 안다. 그래서 습관화하려고 기도 책도 사서 읽는다.

특새 같은 새벽기도 습관화 기회가 있으면 꼭 참석하려고 장치도 만든다. 한 번 빠질 때마다 만 원 벌금 내기 같은 것도 지체들과 해보고, 아예 전날 밤에 교회 기도실로 베개를 들고 가기도 해본다. 그러나 작심삼일이다. 아니 작심일일이다. 하루 이틀 정도 기도하다가 어느 날 눈떠보면 또 아침 8시다.

찐한 기도 동기

팩폭(팩트폭격)은 인생을 바꿀 수 있는 반가운 보약이다.

얼마 전 "헬스클럽이 돈 버는 진짜 이유"라는 글을 읽으며 낄낄댔다. 내 이야기라서, 팩폭이라서 그리고 반성이 돼서 웃었다. 특히 공감한 부분은 '동기의 부재'였다. 다이어트가 작심삼일로 끝나는 이유는 건강해야만 하는 이유가 별로 찐하지 않아서다.

운동을 하면 좋고, 안 해도 그만인 상황이라면 동기 부족이다. 다이어트를 안 하면 '진짜×100만'으로 안 되는 찐한 이유가 있어야 작심삼일을 끝낼 수 있다.

극단적 예로, 결혼을 약속한 남친이 "당신이 뚱뚱해서 싫다"라고 하며 헤어지자고 했다든지, 지난 10년간 실패하던 사업이 이제 막 궤도에 올랐는데 고혈압으로 쓰러졌다든지, 한 달 안에 정해진 몸무게를 빼면 블록버스터 영화에 주연으로 캐스팅될 수 있다든지 이런 동기가 필요하다.

기도도 마찬가지다. 기도를 하고 싶지만 잘 안 된다. 가끔은 기도할 수 있지만 습관으로 자리 잡기까지 반복과 지속이 잘 안 되는 이유는 이 찐한 동기가 없어서다. 진짜 기도를 해야만 하는 이유가 없어서다.

어머니의 기도

나의 기도 스승인 어머니는 홀로 남매를 키우며 시어머니를 모셔야 했다. 못 배우고 가난한 여자가 혼자서 가계를 이끌어나가는 것은 오늘날도 힘들지만 1970년대는 더했다. 그녀는 아침에는 파출부였고, 낮에는 식당 배달원, 밤에는 화장실 청소부였다. 그러면서 살림도 했다. 잘 수 있는 시간은 4시간도 채 안 되었다. 그렇게 살아도 월세 한 번 제때 낼 수 없었다.

그런데 기도했다. 아니, '그래서' 기도했다. 잠잘 수 있는 4시간을 쪼개서 새벽기도, 산기도, 철야기도를 다녔다. 내가 봤다. 말문이 터지기 전부터 봐왔다.

어머니가 원래 특별하거나 대단한 기도꾼이어서가 아니었다. 상황에 몰려 어쩔 수 없어서였다. 죽을 것 같은 생활고와 살려야 하는 자식들 때문이었다.

잠을 조금 더 자기보다 기도를 선택한 이유는 대단한 영성 때문이 아니었다. 매 순간 생사의 기로에 있었고 기도 외에는 다른 방법이 없었기 때문이었다. 기도해야만 하는 상황이어서 기도했다. 그녀는 동기가 확실했다.

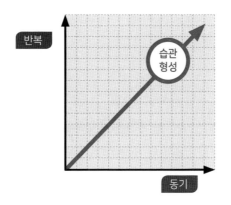

그녀의 동기는 자식들이었다.

기도 내용의 대부분은 자녀를 위한 거였다. 예를 들자면 이런 식이었다.

"일을 다니느라 종일 집을 비웁니다. 취학 전 어린아이 둘이 집에 홀로 있습니다. 하나님 아버지가 그 아이들을 지켜주시길 기도합니다. 늘 적은 돈으로 먹이다 보니 아이들이 영양실조에 걸렸습니다. 하나님 아버지가 그 아이들의 발육상태를 지켜주시길 기도합니다.

집주인 할머니가 집 안에서 줄담배를 태웁니다. 하나님 아버지가 아이들의 폐를 지켜주시길 기도합니다. 어린 자녀들이 산동네에서 아침부터 밤까지 돌보는 보호자 없이 방치되어 있습니다. 하나님 아버지가 이들의 정서와 생각을 지켜주시길 간절히 기도합니다."

어머니의 삶은 죽음이 내리쬐는 사막 같았다. 혼자라면 죽을 수 있을지 모르겠으나 생명보다 소중한 자식들이 있어서 살아야만 했다. 반드시 지켜야만 하는 사람들이 있었다.

자신의 생명도 내줄 사랑이 있었다. 거기서 '지키는 기도'의 샘이 터졌다. 덕분에 자녀들은 영적 오아시스에 풍덩 잠겨 안전했다. 그녀의 기도는 지키는 기도였다. 그 기도를 보고 배워 나도 기도로 사랑하는 사람을 지키는 일을 하게 되었다.

지키는 기도의 원류, 예수님
지키는 기도는 가장 성경적인 기도 동기이다.

예수님은 우리를 기도로 지키셨다(요 17:1-26). 그분은 제자들을 기도로 뽑으셨고, 기도로 이끄셨으며, 기도로 보내셨다(막 6:32-46, 눅 6:12,13, 요 17:18). 사랑 때문이다. 제자들을 사랑하셔서 그들을 기도로 지키셨다(요 17:26). 그리고 지금은 성령님을 보내주셔서 우리를 위해 계속 기도하고 계신다(롬 8:26,27).

지키는 기도의 원류는 예수님이시다. 우리는 성경을 통해 예수님의 기도 동기가 제자들을 향한 사랑이고, 그 형태가 지키는 기도였음을 본다.

예수님의 사람들은 예수님처럼 행한다. 그들을 보며 또 다른 사람들이 예수님의 길로 간다. 이 책을 손에 든 당신도 예외는 아니다.

지키는 기도로 당신의 세상이 바뀐다

기도 이벤트는 쉽다.

그러나 기도 습관화는 어렵다. 그러려면 반복해야 한다. 한두 번 빼먹는 기도는 습관 만들기의 적이다. 지속성이 습관화에 비례한다. 여기서 동기가 작용한다. 미적지근한 동기는 '퐁당퐁당 기도'(빼먹는 기도)를 만든다. 지속하려면 동기가 확실하고 뜨거워야 한다.

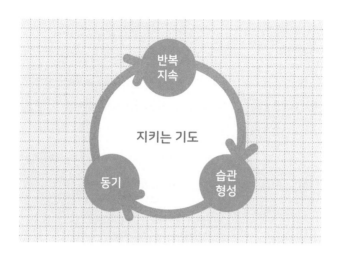

예수님의 지키는 기도로 제자들이 바뀌었고, 그들은 다시 세상을 바꾸었다(행 24:5). 내 어머니는 지키는 기도로 자신의 환경을 뛰어넘었을 뿐 아니라 자녀들의 인생을 바꾸었다. 가끔 하는 기도나 전혀 기도하지 않는 것으로는 아무것도 바꿀 수 없다. 적당히 기도해도 되는 적당한 수준의 신앙생활이란 없다.

예수님을 믿고 따르는 건 그분과 같은 언행을 요구한다. 신앙생활이란 예수님처럼 사는 걸 의미한다. 이것은 흔히 말하는 '정상' 범주에 넣기 힘들다.

"깨끗함과 지식과 오래 참음과 자비함과 성령의 감화와 거짓이 없는 사랑과 진리의 말씀과 하나님의 능력으로 의의 무기를 좌우에 가진" 삶은 결코 평범하지 않다(고후 6:6,7).

크리스천은 평균 범주에 들지 않는 '비범한' 사람들이다. 그들은 "속이는 자 같으나 참되고 무명한 자 같으나 유명한 자요 죽은 자 같으나 보라 우리가 살아있고 징계를 받는 자 같으나 죽임을 당하지 아니하고 근심하는 자 같으나 항상 기뻐하고 가난한 자 같으나 많은 사람을 부요하게 하고 아무것도 없는 자 같으나 모든 것을 가진 자"로 정의된다(고후 6:8-10). 세상에 이런 부류의 사람들은 크리스천 외에 존재하지 않는다.

그러나 대부분의 크리스천은 눈에 잘 띄지 않는 '정상' 영역에서 살아간다. 그들의 다른 이름은 '이름뿐인 크리스천', 혹은 '기도하지 않는 크리스천'이다.

기도의 절대 동기가 있는가?

죄인은 기도를 본능적으로 싫어한다.

당위성과 열정이 있을지는 몰라도 기도가 습관이 되기까지 반복할 수준의 동기가 부족하다. 그런 당신에게 지금 필요한 건 기도를 왜 해야 하는지에 대한 확실하고 뜨거운 인식이다. 또한 거기서 터져 나오는 기도를 반복하고 지속하는 것이다.

'기도가 아니면 절대 아무것도 안 되겠다'는 생각이 필요하다. 매번 필요하다. 지금처럼 대충 기도생활을 하다가는 영성도 인생도 대충 정상적으로 마무리될 것이다. 이름뿐인 신앙인의 대열에 들어가 그럭저럭 삶을 마무리할 것이다.

너무 극단적으로 들릴지도 모른다. 하지만 적당한 수준의 기도가 어떤 문제를 만들어내는지 알면 당신의 생각이 달라질 것이다.

여기까지의 핵심은 다음 여섯 가지이다.

1. 기도의 당위성에도 불구하고 기도를 못한다.
2. 기도는 힘든 일이라서 습관으로 만들어야 한다.
3. 습관화하려면 지속해야 한다.
4. 지속하려면 확실한 동기가 있어야 한다.
5. 가장 확실한 동기는 '지키는 기도'이다.
6. 지키는 기도로 당신을 바꾸고 세상을 바꿀 수 있다.

3

**기도, 못하는 것인가,
안 하는 것인가?
둘 다지!**

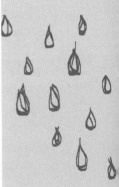

모든 기도와 간구를 하되 항상 성령 안에서 기도하고 이를 위하여 깨어 구하
기를 항상 힘쓰며 여러 성도를 위하여 구하라 엡 6:18

기도보다 앞서는 것

몇 년 전, 나는 아마추어 마라톤 선수를 만났다.

그는 대단한 체력을 갖고 있었다. 마라톤 풀코스를 완주
한 횟수만 30번이 넘었다. 내게는 정말 꿈만 같은 경지이다.
한번은 함께 달리다가 지치지 않는 그를 보며 그 비결을 물
어보았다.

"어떻게 하면 이렇게 강해질 수 있습니까?"

내 질문에 그는 별거 아니라며 이렇게 대답했다.

"왕도가 없어요. 저는 비가 오나 눈이 오나 매일 뜁니다."

그의 비책은 '꾸준함'이었다. 매일 달리는 습관 때문이었
다. 주변 사람들은 그를 가장 성실한 사람이라고 불렀다. 그
는 날씨에 상관없이 우직하게 계속 뛰었다. 하루도 빠짐없었

다. 약 18킬로미터의 출퇴근조차 달리기로 했다.

그를 보며 깨달았다.

'꾸준함이 고수의 길이다. 누구도 하루아침에 갑자기 잘 달릴 수는 없다. 평소에 꾸준히 달려야 대회에서도 뛸 수 있다. 잘 달리려면 계속 달려야 한다.'

마라톤은 어렵지만 매일 반복 연습하면 가능한 일이 되듯, 기도도 기도로 훈련한다. 기도 습관에는 기도가 필수다.

한 설교자는 이렇게 말했다.

우리는 정말로 기도할 때까지 기도해야 한다.

_A. W. 토저

반복해야 습관이 된다. 어떤 일이든 그렇다. 꼭 해야 하는 일이지만 어려울수록 더 반복해야 한다. 익숙해질 때까지 반복하면 쉬워지니까.

많은 사람이 당장 기도꾼이 되고 싶어 한다. 그러나 마라톤만큼이나 기도에도 지름길이 없다. 행동으로 꾸준히 실천해야 기도하는 사람이 된다. 그렇지 않으면 큰 문제가 생기기 전에는 도저히 기도 못하는 사람으로 살게 된다. 기도 가난뱅이가 된다.

기도를 멈추는 것은 기도를 지속하는 것보다 간단하다.

나도 그랬다. 교회를 처음 시작할 때는 매일 3시간씩 기도했다. 그러나 교회가 부흥하고 사역이 커지면서 가장 먼저 기도를 잃었다. 기도보다 사역이 중요했다. 돌아보면 부끄럽기 그지없다. 무시기도를 한답시고 골방기도를 사역에 빼앗겼다.

기도보다 앞서는 일은 무엇이든 실패를 불러오는 유혹의 손짓이다. 그 실패담을 좀 나눠야겠다. 기도가 없어서 번아웃 되었던 이야기.

번아웃

교회 개척 5년 차, 내 상태는 최악이었다.

몸도 마음도 만신창이가 되었다. 새벽부터 새벽까지 만나야 할 사람과 이끌어야 할 모임이 줄지었다. 식사와 잠이 부족했고 두통에 시달렸다. 발목 인대와 무릎이 나빠졌고, 기침은 멈추지 않았으며, 왼쪽 귀가 잘 안 들렸다. 머리를 감으면 머리카락이 한 움큼씩 빠졌다. 먹어도 체하기 일쑤였고, 조금만 신경 써도 설사를 했다.

건강뿐 아니라 정서에도 이상 신호가 이어졌다. 어느 날부터인가 나는 딱딱한 사람이 되어있었다. 웃을 때 함께 웃지 못했고 울 때 함께 울지 못했다. 자주 화를 냈고 사소한 일로도 시비가 붙었다. 차가운 사람이 되었다. 가장 가까운 사람들에게 냉정하고 매몰찬 말들을 내뱉기 일쑤였다.

유혹도 커졌다. 온갖 종류의 죄들이 매일 아침 현관 앞에 엎드려 나를 기다리는 듯했다. 마음이 공허했고 전도하고 싶은 마음도 사라졌다.

이런 변화를 가장 먼저 눈치 챈 건 다행히 아내였다. 그녀가 내게 간단명료하게 말했다.

"여보, 당신 이상해졌어요. 쉬어야 해요."

당시 아내는 내가 기도하지 않는 상태라는 걸 알고 있었다. 그리고 나를 위해 기도하며 진지하게 조언했다. 지금이야 아내의 말을 성령님의 음성처럼 귀담아듣지만, 번아웃 상태의 나는 매우 고집스러웠다. 기도하지 않는 상태를 들켜서 화가 났다.

아내의 말이 곱게 들리지 않던 목이 곧은 남편의 목소리가 점차 커졌다. 그녀는 남편을 포기하지 않고 직언했을 뿐이었다. 그런데 부부싸움이 크게 났다. 내 입에서 공격적인 말이 나갔다. 그녀뿐 아니라 나도 깜짝 놀랐다. 그러고서야 알아차렸다.

'아! 이게 말로만 듣던 번아웃이구나! 쉬어야 한다. 이 상태로 계속 사역을 하다가는 교회를 돕기는커녕 파괴할 수도 있다. 사역은 고사하고 아내와 관계도 내가 망치고 있다. 정말 쉬어야 한다.'

쉬는 일정을 계획하려고 스케줄러를 열었다. 빈칸이 없었다. 실망스러웠다. 갑자기 휴가를 내기에는 취소할 수 없는 일들이 너무 많았다. 개인적인 약속들은 뒤로 미룬다 해도, 교회 모임들과 설교 약속들은 바꾸기가 어려웠다. 어떤 극단적 이유가 아니면 쉴 수 있는 길이 없어 보였다. 그래서 기도했다.

'휴가를 보내주소서!'

기도가 아니라 혼잣말인 것 같았다.

그다음 날, 카톡으로 영상 전화가 걸려왔다. 태국에서 사역하는 선교사님이었다. 대학원 시절 나의 룸메이트이기도 했던 그가 말했다.

"준기야! 태국에 한번 안 오냐?"

"안 돼. 내가 얼마나 바쁜데!"

"너 그런 식으로 과로하다가 번아웃 된다. 좋은 말로 할 때 한번 다녀가라. 여기서 강의도 좀 해주고….."

휴가 명분을 만들어주겠다는 이야기였다. 쉼이 필요해 보여서 연락을 했던 것 같다. 멀리서도 내 상황을 들여다보고 있는 좋은 친구였다.

"그래! 기도해볼게."

답을 미룬 뒤 전화를 끊었지만, 일 분도 안 지나 이것이 기도 응답이라는 생각이 들었다. 바로 톡을 보냈다.

"언제 갈까?"

선교지에 가는 건 좋은 명분이었다. 일일이 만나거나 전화해서 약속들을 취소하고 비행기표를 예매했다. 그리고 주일 설교 도중 내 처참한 영적 상태를 고백하며 기도를 부탁했다. 주일예배 후에는 '선교지 방문'이라는 광고도 띄웠다.

"죄송합니다, 여러분. 제가 교만해져서 성령님의 능력이 아닌 제 힘으로 일하다가 번아웃 되어버렸습니다. 이 상태로 사역하다가는 저뿐만 아니라 주변 분들까지 위험하게 만들 것 같습니다. 마침 선교지에서 방문 요청도 있고 하니 2주일 동안 휴식차 다녀오겠습니다."

다행히 하나님께서 은혜를 주셨다. 모두 강대상 앞으로 나와 눈물로 나를 위해 기도해주었다. 큰 위로를 받았다. 연약한 모습을 보이는 것에 자존심이 상하기도 했지만 우리 신앙의 선배들도 그랬으니 나도 진실을 말했다.

내가 너희 가운데 거할 때에 약하고 두려워하고 심히 떨었노라 고전 2:3

다음 날 새벽 이른 시간, 나는 가족을 데리고 친구 선교사가 있는 태국으로 갔다. 가는 길에 휴양지에 들러 아내와 딸을 바닷가에 데려다 놓고 나는 기도하기 위해 혼자 한적한 곳을 찾았다. 그곳은 해변이었다.

수영복 한 장 걸치고 홀로 쭈그리고 앉아 기도를 시작했다. 인터넷은 물론 전화기도 꺼놨다. 아무도 나를 찾지 않았고, 기도에 방해받을 일도 전혀 없었다. 일부러 만든 시간이었다. 쉬며 생각하며 기도하기에 최적의 상황이었다. 그런데 기도가 나오지 않았다! 아예 입이 열리지 않았다.

"주여~~~"라고 한숨 쉬듯 기도를 시작해봐도 거기서 끝나기 일쑤였다. 분명 얼마 전까지만 해도 교회 기도모임들을 인도하며 뜨겁게 기도했다. 산기도에 사람들을 데리고 가서 기도했고, 특별새벽기도회를 주도했다. 그런데 홀로 기도하려니 기도가 나오지 않았다.

아무 일도 일어나지 않은 채 두 시간이 그저 지나갔다. 가슴에 무거운 돌이라도 얹혀있는 듯 답답했다. 하나님이 침묵하시는 것 같고, 내 입술은 붙어버린 듯했다. 견디다 못해 물로 뛰어들었다. 물속에서 한참 소리를 지르다 나왔다. 해변에 널브러졌다. 살갗이 따가웠다. 빛이 강해 눈을 감았다. 눈물이 흘렀다.

번아웃 5단계 프로세스
무언가 크게 잘못되었다.

기도가 왜 안 되는지 조금은 알 것 같았다. 마지막으로 골방기도(마 6:6)를 한 것이 언제인지 기억도 나지 않았다. 그러고 보니 기도가 안 되는 상황과 번아웃이 연결되어 있는 듯했다. 생각을 분명히 하고 싶었다. 숙소로 돌아가 휴대폰 메모장을 열었다. 거기에 적었다.

step1. 기도하지 않았다.

step2. 내 힘으로 일했다.

step3. 내 힘으로 하나님의 일을 하니 번아웃이 왔다.

step4. 그래도 기도 안 하고 있었다.

step5. 이제는 아예 기도 못하게 되었다.

적어놓은 글을 쳐다보다 또 눈물이 터졌다.

'이렇게 미련한 목사를 봤나!'

베개에 고개를 묻어 울음소리가 새어나가지 않게 했다. 스스로에게 속은 것 같아 자책이 되었고 서럽기도 했다. 눈물이 생각을 맑게 했다.

처음에는 하나님께서 주신 소명과 비전이 있었다. 세계 복음화의 일이었고, 하나님의 일이었다. 처음에는 기도로 모든 일을 진행했다. 그러나 어느 순간부터 기도가 사라졌고, 나는 기름 없는 등잔의 심지처럼 타들어갔다. 그런 줄도 모르고 기도는 계속 등한시한 채 아예 다 타버렸다. 재만 남아 시커멓게 되었다.

생각이 정리되고 문제를 파악하니 배가 고팠다. 목도 말랐다. 해가 지고 있었다. 오랜만에 배불리 식사를 했다. 이 심경 변화를 눈치 챈 아내가 물었다.

"여보, 괜찮아요?"

나는 입안 가득 음식을 물고 대답했다.

"웅! 내가 기도 안 했다는 것을 알았어!"

지옥 세력 꺾고 천국에 잇닿아 일하는 방법: 기도

실패를 이기고 궁극적 승리를 얻는 방법: 기도

성령께서 일하시도록 하는 방법: 기도

하늘의 지혜로 일하는 방법: 기도

예수님을 닮아가는 방법: 기도

사랑하는 이들을 지키는 방법: 기도

4

**기도하지 않는
크리스천에게 일어나는
여섯 가지 일**

내 영혼이 내 속에서 피곤할 때에 내가 여호와를 생각하였더니 내 기도가
주께 이르렀사오며 주의 성전에 미쳤나이다 욘 2:7

마음을 지킬 수 없다

번아웃의 원인은 기도였다.

기도 없음! 증세에 눌려 불안했던 환자가 원인을 찾고 보
니 치료 방법도 보였다. 기도가 될 때까지 기도하면 될 일이
었다.

마가복음의 죽은 소녀가 떠올랐다. 그를 향한 예수님의
부르심이 들리는 듯했다. "달리다굼"(막 5:41)! 기도가 죽어
버린 내게도 주께서 외쳐주시는 듯했다.

혈루증 여인 생각도 났다(마 9:20). 그녀에게는 군중이, 내
게는 기도 없음이 예수님을 만나 치료받는 일의 장애물이었
다. 나도 기도로 헤치고 나가 예수님 옷자락을 만져야 했다.

자정, 잠든 가족을 뒤로하고 숙소를 나섰다. 무턱대고 걸

으며 기도를 시작했다. 한 시간, 두 시간, 세 시간…. 억지 기도 시간이 길어졌다. 나는 인공호흡기를 단 환자처럼 간신히 쌕쌕 기도했다. 졸음이 몰려왔다.

마지막으로 밤샘기도를 했던 때가 기억도 나지 않았다. 기도를 멈추기 시작한 시점도 찾을 수 없었다. 너무 오랫동안 기도가 없었다. 그날 밤 기도에 실패하면 다음 날은 죽을 것만 같았다.

기도가 될 때까지 걷고 걸었다. 해변을 이 끝에서 저 끝까지 오갔다. 생각나는 찬양을 불렀다. 시편 성구들을 암송했다. 주기도문도 반복해서 중얼거렸다. 그러다 다리가 아프면 주저앉아 기도문을 노트에 적었다. 모든 수단을 동원해서 기도했다. 안 돼도 멈추지 않았다. 가슴이 뜨거워질 때까지 했다.

기도하지 않았던 교만함에 대해 하나님께 사과하며, 두 번 다시는 그러지 않겠다고 약속했다. 회개했다. "죄인 오라 하실 때에 날 부르소서~" 찬송을 반복했다. 파도 소리만 들렸다. 태국의 들개들이 떼 지어 다녔다.

'하나님께서 교회 일을 맡겨주셨는데, 나는 주신 분이 아니라 주신 것에만 집중했다니! 그래서 기도 중환자가 되어 밤새 끙끙대고 있다니! 기도해야만 했던 일 때문에 기도를 안 했다니!'

억울하고 화가 났다. 기도샘이 아니라 하소연이 터졌다. 해변의 개들 사이에서 짐승같이 흐느꼈다. 으르렁거리던 짐승들이 흩어졌다.

바닥을 치고 배를 두드리며 무릎으로 기어 바다로 들어갔다. 하늘 아버지를 불렀다. 부르짖었다.

예수님을 코앞에 두고도 바람이 무서워 빠져갔던 베드로를 생각하며 나도 외쳤다. "주여, 나를 구원하소서"(마 14:30)! 성경에는 이 외침이 "크라쪼"(κράζω)라고 쓰여있다. 울며 부르짖는 소리, 크라쪼.

나는 더욱 울부짖었다. 10번, 100번, 300번… 계속 소리쳤다. 가슴을 쳤다. 옅은 파도가 무릎에 찰랑거렸다. 졸렸다. 손목시계를 봤다. 새벽 3시였다. 생각해보니 전날 새벽 같은 시간에 일어났다. 한국에서 출발한 이후 24시간째 깨어있었다. 기도 좀 해보려니 너무 피곤했다. 말씀이 떠올랐다.

시험에 들지 않게 깨어 기도하라 마 26:41

시험이란 마음이 둘로 나뉜 상태다. 예수님은 공생애의 마지막 날 밤까지 기도 모범을 보이셨다. 제자들에게 기도훈련을 시키셨다. 그런데 제자들은 잤다. 예수님은 말씀하셨다.

시험에 들지 않게 깨어 기도하라 마음에는 원이로되 육신이 약하도다 마 26:41

말씀과 함께 세 가지 사실이 떠올랐다.

"시험에 들지 않게" ⇒ 기도하지 않으면 시험에 든다.
"깨어 기도하라" ⇒ 기도는 깨어있는 행위다.
"마음에는 원이로되 육신이 약하도다" ⇒ 기도 실패의 이유는 몸과 마음의 분리 때문이다.

당시 제자들은 고난받으러 곧 끌려가시게 될 예수님과 기도 중이었다(마 26:45). 이 중요한 시간에 그들은 예수님과 함께하지 않았다(마 26:43). 예수님만 기도하시고 그들은 기도하지 않았다.

아니, 기도를 '계속'하지 않았다. 기도를 하기는 했는데, 한 시간도 지속하지 못하고 먼저 잠들었다(마 26:40). 기도를 하다가 갔다. 그리고 시험에 들었다. 예수님을 모두 떠났다. 베드로는 예수님을 세 번씩이나 부인했다(요 18:27).

시험을 이기는 것은 마음과 관련이 있다.

두 마음을 품어 모든 일에 정함이 없는 자로다 약 1:8

예수님으로 가득한 '하나의 마음'은 시험을 이기는 반면, '두 마음'을 품은 것은 시험에 빠진 상태이다. 시험에 든다는 것의 다른 말은 '마음이 나뉜다'는 것이다.

바람을 보고 무서워 빠져갔던 베드로를 살펴보면, 그의 마음 한편은 예수님에게, 다른 한편은 바람에게로 분리되었다(마 14:30). 겟세마네 동산 제자들의 마음도 몸의 약함으로 한편은 예수님에게, 다른 한편은 잠에게로 나뉘었다(마 26:41).

기도 중 떠오른 말씀에 나를 비춰봤다. 교회를 시작할 때는 마음이 예수님으로 가득했다. 그러나 시간이 지나면서 마음이 나뉘었다. 처음에는 '교회 사역'이 마음에 자리 잡더니 어느새 예수님과 분리된 사역들이 하나둘 생겨 마음을 어지럽히기 시작했다.

만약 그때라도 기도를 시작했다면 사역을 하면서도 계속 예수님으로 가득한 마음을 지켜낼 수 있었을 것이다. 그러나 골방기도 대신 기도 없는 사역이 일상을 채웠고, 나는 그만 기도 안 하는 목사, 일로써의 기도만 진행하는 사역자가 되어버렸다.

이런 모습을 성경이 지적했다. 겟세마네 동산의 제자들과 나는 닮아있었다. 기도를 하기는 했지만 계속 기도하지 않아 시험에 빠졌던 모습이. 기도가 없어 마음을 지키지 못했던 모습이. 그래서 시험에 빠졌던 모습이.

나는 노트에 이렇게 적었다.

마음 지키기와 시험에 들지 않기 사이에 '기도'가 있다.
1. 예수님에 의하면 "시험에 들지 않게 깨어 기도하라"(마 26:41).
2. 바꿔 말하면 "기도하지 않으면 시험에 든다."
3. 야고보서에 의하면 "마음이 둘로 나뉜 상태에서 시험에 빠진다."
4. 내게 적용하면 "예수님에게서 나뉘지 않도록 마음을 지키면 시험을 이긴다."
5. 종합하면 "마음을 지키는 방법은 시험에 들지 않는 방법인 기도에 연결된다."
6. 결론은 "기도로 마음을 지킨다."

이 노트를 해변에 모셔둔 채 바닷물에 들어가서 첨벙거리며 잠을 쫓았다. 계속 기도하고 더 기도했다. 아직 잠들 수가 없었다. 기필코 번아웃에서 빠져나와야 했다. 기도의 시간이고, 마음을 지킬 때이자, 시험을 끝장낼 타이밍이었다.

나는 마음을 다지고 또 다졌다.

'기도해야 기도한다. 기도해야 마음이 나뉘지 않는다. 기도해야 마음이 예수님으로 가득해진다. 기도해야 바람도 졸음도 예수님보다 작아 보인다. 기도해야 시험을 이긴다. 기도해야 번아웃 상태를 끝장낸다. 기도해야 산다. 기도해야 이긴다. 기도해야 교회도 한다. 잠이 문제가 아니다. 나는 오늘 밤 기도해야 한다. 기도할 타이밍을 놓칠 수 없다!'

게을러진다

한참을 첨벙이며 기도하는데 잠언 말씀이 생각났다.

게으른 자는 가을에 밭 갈지 아니하나니 그러므로 거둘 때에는 구걸할지라도 얻지 못하리라 잠 20:4

농부라면 밭 갈 타이밍에는 밭을 갈아야 한다. 밭 갈 때 씨 뿌리면 안 된다. 가치가 적은 일, 쓸데없는 일로 바쁘다면 그는 게으른 소명자이다.

위 구절에 등장하는 한 농부는 밭 갈아야 할 때 안 갈았다. 타이밍을 놓쳤다. 성경은 그를 "게으른 자"라고 부른다. 그처럼 나는 기도해야 할 때 하지 않았다. 기도할 타이밍을 놓친 게으른 목사였다. 해야 할 일을 제때에 하지 않은, 덜 중요한 일에 마음을 빼앗긴 미련한 소명자가 바로 나였다. 나는 기도가 없어 번아웃에 빠질 정도로 게으른 자였다.

– 옳은 바쁨 VS 그른 바쁨

바쁨에도 옳고 그름이 있다. 전자는 부지런함이고 후자는 게으름이다. 나는 기도로 바빠야 옳았다.

소명에 따라 일의 가치는 상대화된다. 농부에게는 농사가 가장 중요하다. 밭 갈고, 씨 뿌리고, 묘목을 가꾸어 심거나 작물들을 때에 맞게 관리하고, 추수하고, 다음 해 농사를 준비하는 일련의 과정이 농사의 일을 이룬다. 이들은 저마다 적기가 있다. 각각은 때에 따라 중요도가 달라진다.

일을 많이 하면 부지런한 것처럼 보이나, 바쁘면서도 게으른 경우가 있다. 소명자는 가치 있는 일로 바빠야 한다. 씨 뿌려야 할 때 뿌려야 부지런한 농부다. 추수 때는 추수해야 농부다운 농부다. 제때 제 일을 해야 소명자다.

추수 때 추수로, 씨 뿌릴 때 씨 뿌리는 일로 바빠야 농부다. 타이밍이 문제다. 소명의 일을 하더라도 이를 놓치면 게으름이다. 그래서 선택하고 집중해야 한다. 기도할 때에 다른 일로 바쁘면 망한다. 열매가 맺히지 않는다.

그러면 추수 때는 열매가 아니라 후회와 슬픔을 거둘 것이다. 영적 농부인 나도 기도가 아닌 다른 일로 바쁘면 그 바쁜 일 때문에 망할 것이다. 당장은 부지런히 땀 흘리는 것처럼 보여도 게으른 농부와 다를 게 없다는 사실이 영적 추수 때 다 드러날 것이다. 해야 할 일을 제때 진행해야 옳다. 제대로 바빠야 바빠도 옳다.

– 항상 기도

그렇다면, 기도는 언제 해야 하는가? 기도의 타이밍은 언제인가? 성경은 말한다.

너희 중에 고난 당하는 자가 있느냐 그는 기도할 것이요 즐거워하는 자가 있느냐 그는 찬송할지니라 약 5:13

고난 당할 때는 기도, 즐거울 때는 찬송하랬다. 가만… 인생 뭐 있나? 고난 받을 때 혹은 즐거울 때, 이 두 페이지면 삶의 전반을 다 다루는 것 아닌가? 게다가 '찬송=곡조 붙은 기도'라고도 불리는 것을 덧붙여 본다면, 인생의 모든 장면에서 우리는 기도를 요구받은 셈이지 않은가! 그러므로 기도는 항상 해야 한다. 아니나 다를까 성경은 기도의 때를 직접적으로 '항상'이라고 반복한다.

항상 성령 안에서 기도하고 엡 6:18

항상 내 기도에 쉬지 않고 롬 1:9

기도에 항상 힘쓰며 롬 12:12

항상 기도하고 눅 18:1

기도를 항상 힘쓰고 골 4:2 개역한글

항상 너희를 위하여 애써 기도하여 골 4:12

항상 하나님께 감사하며 기도할 때에 살전 1:2

쉬지 말고 기도하라 살전 5:17

항상 너희를 위하여 기도함은 살후 1:11

항상 간구와 기도를 하거니와 딤전 5:5

항상 기도하고 시 72:15

내(하나님) 마음이 항상 거기(기도하는 자리)에 있으리니

왕상 9:3

내가 항상 기도하리로다 시 141:5

항상 기도하더니 행 10:2

항상 기도하며 깨어있으라 눅 21:36

기도는 항상 해야 할 일이다. 만약 기도가 이벤트였다면 성경이 기도를 항상 해야 한다고 반복, 강조하지는 않았을 것이다.

– 부지런하셨던 외할머니

'항상 기도'의 모범을 보여주신 외할머니의 목소리가 아직도 들리는 듯하다.

"아이고, 주여 감사합니다!"

35년 전 일이다. 외할머니는 서울로 시집가서 고생하는 딸에게 줄 된장, 고추장, 마늘장아찌를 챙기셨다. 80세가 넘은 노인이 먼 길 나서는데 짐도 많았다.

처음 집을 나설 땐 보따리가 하나였다. 그런데 사립문 나서다가 농사지은 고구마 생각이 나서 조금 챙겨 나왔다. 또 오솔길 내려가는데 닭 우는 소리가 들리자 닭백숙 해주고 싶은 마음이 들었다. 망설일 틈도 없이 오던 길을 되돌아가서 닭 한 마리 챙겨 나왔다.

그리고 가다가 김치 생각이 나서 또 돌아와 몇 포기, 양념도 마늘 빻아둔 것까지 한 봉지…. 그렇게 평생 농사일로 허리 굽고, 비만 오면 전신이 쑤신다며 꼼짝 못하시던 분이 집을 몇 번씩이나 오갔다. 서울 갈 때마다 그랬다. 시집간 딸네 가는 길이라서 그랬다.

마을 어귀 버스 정류소에 도착했을 때 외할머니에게는 빈손이 없었다. 양손에 보따리가 하나씩이었고 머리 위에도 하나 올리셨다. 드디어 딸네, 서울로 출발이다. 버스로 1시간을 달려 기차역, 다시 완행열차로 5시간 걸려 서울역, 다시 산동네 어귀까지 버스로 1시간, 그리고 꼭대기 집까지 걸어서 20분.

연락도 없이 하루 걸려 상경하신 외할머니는 온몸이 저리고 아팠다. 나는 그때 들었다. 짐을 내려놓으시며 비명처럼 한마디, "아이고, 주여 감사합니다."

그리고 손에서 짐을 받아 든 외손주가 반가워서, "아이고, 주여 감사합니다." 김칫국물 묻은 몸뻬 속주머니에서 꺼내 든 박하사탕을 아이 입에 물려주며 또 반복하셨던 그 말, "아이고, 주여 감사합니다."

식당 일 나가셨던 내 어머니가 돌아왔을 때, 땀내 나는 딸을 끌어안은 밤에도, "아이고, 주여 감사합니다."

신경통 있는 몸 마디마디를 스스로 주무르며 잠 설치던 새벽에도, "아이고, 주여 감사합니다."

외할머니는 낮에도 밤에도 주무실 때도 깨실 때도 심지어 꿈에서도 같은 말씀이셨다.

"아이고, 주여 감사합니다."

그분은 항상 기도하셨다.

─게을렀던 목사

기도 없는 게으른 내 모습을 회개하는 동안 그분의 기도 모범이 그리웠다. 외할머니만큼도 기도 안 하는 내가 부끄러워 회개 눈물이 났다. '항상 기도'를 몸으로 가르쳐주셨던 그분이 너무 감사해서 찬양을 했다.

기도에도 타이밍이 있다면 그것은 '항상'이다. 나는 항상 기도하지 않는 게으름을 범했다는 사실에 오열했다. 금요 철야기도회 인도를 했어도 그것은 항상 기도에서 이어진 것이 아닌 피상적 일이어서 게으름이었다.

예배 대표기도를 하고, 단기선교를 다니고, 교회 개척자 학교를 진행하면서도 정작 나는 항상 기도를 등한시하며 잠들어있던 게으른 목사였다.

가까운 사람들의 제자화를 강조하며 가정예배를 권면하는 성경공부와 심방을 진행하면서도 정작 나는 아내와 딸 앞에서 항상 기도하지 않던 게으른 가장이었다.

제자화를 통해 선교적 교회가 확산되는 것을 돕고 돌보고 이끌면서도 그 하나하나를 위해 홀로 부르짖어 항상 기도하지 않던 나는 게으른 리더였다.

주일이면 주님의 영광을 사모하는 사람들이 모여드는 것을 보며 그들을 위해 기도팀을 세우면서도 정작 나는 이를 위해 항상 기도하지 않던 게으른 예배자였다.

전국 곳곳에서 진행되는 집회에 강사로 초대받아 다니느라 한 시간도 하루같이 쪼개 쓰는 바쁜 일정을 소화하면서도, 정작 기도는 빼고 말씀 전하러 다니던 게으른 부흥강사였다.

예배와 멀어진다

기도가 없으면 또 하나의 심각한 상황이 벌어진다.

기도하지 않으면 마음을 지킬 수 없고, 그분과 점차 멀어져 결국 예배가 형식만 남는다. 예배 소명에도 게을러진다.

영성 신학자 리처드 포스터에 의하면 기도는 예배와 긴밀히 연결되어 있다. 그는 이렇게 말했다.

> 모든 참된 기도는 예배의 요소가 들어있다. 찬양은 기도가 호흡하는 공기요, 기도가 헤엄치는 바다이다.
>
> _리처드 포스터. 《기도》

그렇다. 기도가 없으면 예배와도 멀어진다.

기도하지 않던 내게도 같은 일이 일어났다. 예배가 맨숭맨숭했다. 매주 예배 인도를 하면서도 정작 나는 은혜를 누리지 못했다. 예배가 뜨겁지 않았다. 겉으로는 회중 찬양과 기도회를 인도했고 설교 말씀도 전했지만, 가슴이 뜨겁지도 감동이 일지도 않았다. 예배와 관련된 일들은 흡사 양치질 같았다. 늘 해오던 능숙한 일과 중의 하나로 무심히도 할 수 있는 일.

예배에도 실패하고 있던 내 처지가 슬펐다. 회개하던 그 바닷가에서 통곡했다. 잠이 달아났다. 회개로 가슴을 치며, 기도도 예배도 회복시켜달라고 부르짖었다. 계속 기도하는 가운데 말씀의 약속들이 더 떠올랐다.

구약의 모든 제사 행위들은 예수 그리스도의 그림자와 같았다(롬 5:9, 엡 1:7). 신약에서는 모든 제사 행위가 예수 그리스도를 통해 진행되는 예배로 완전해졌다(히 10:10). 크리스천 삶의 현장마다 공동체마다 개인마다, 대제사장 되신 예수 그리스도께서 예배를 돕고 이끄시고 완성하신다(히 3:1).

우리는 예배드릴 임무를 가졌다(살후 1:12). 예배는 우리의 소명이다(히 13:15, 사 43:21).

우리는 부지런히 항상 기도할 뿐만 아니라 항상 찬송을 통해 하나님의 계속적인 임재를 갈망하며 예배하는 족속이다(히 13:15). 우리는 그리스도의 보혈 때문에 하나님 앞에서 자유롭게 예배할 수 있게 된 천국 백성들이다(히 9:12).

말씀이 기억나게 하신 하나님의 은혜에 감사하며 더욱 부르짖어 회개했다. 특히 히브리서 말씀을 붙들고 기도했다.

그러므로 우리는 예수로 말미암아 항상 찬송의 제사를 하나님께 드리자 이는 그 이름을 증언하는 입술의 열매니라

히 13:15

그리고 더욱 찬양했다.

"인애하신 구세주여 내가 비오니 죄인 오라 하실 때에 날 부르소서! 주여! 주여! 내가 비오니 죄인 오라 하실 때에 날 부르소서!"

중독에 빠진다
－은혜로부터 멀어진다

찬양을 반복하며 기도할 때 생각도 더욱 정리가 되었다. 기도와 예배에 대한 말씀들이 떠올라 마음과 생각 가운데 큰 소리로 퍼져 나갔다. 성령의 내적 음성 같았다.

기도하지 않으면 하나님의 임재를 소홀히 다루게 된다. 예배에 실패한다. 심각한 문제다. 성경이 이 일의 반면교사(反面教師)들을 보여주고 있다.

제사를 대충 드렸던 가인은 동생을 쳐 죽이고(창 4:8), 하나님을 배반하는 족속의 우두머리가 되고 말았다(창 4:16-24). '다른 불'을 드렸던 나답과 아비후는 하나님의 불 심판을 받아 타 죽었고(민 26:61), 제사에 소홀했던 구약 제사장들은 "내 이름을 멸시하는 제사장들"이라는 하나님의 호통 가운데 심판을 약속받았다(말 1:6, 렘 2:19).

성경은 어제나 오늘이나 변함이 없다. 어제 일어났던 일이 오늘 우리에게도 일어난다. 예배와 멀어진 상태는 거기서 끝나지 않고 더 심각한 상태로 길을 연다.

기도가 없으면 하나님의 임재를 소홀히 다루게 된다. 마땅히 하나님을 경외하며 예배해야 할 사람이 하나님을 무시하면 그는 하나님의 은혜로부터도 멀어진다.

말씀이 보여준다.

하나님을 가까이하라 그리하면 너희를 가까이하시리라

약 4:8

─시험과 유혹에 가까워진다

예배에 실패하는 것은 악에 빠지기 쉬운 마음 상태를 만든다. 마치 빛과 멀어질수록 어둠에 가까워지는 것과 같다. 예배와 멀어질수록 시험과 유혹에 가까워진다.

다른 비유를 들자면, 늪 같다. 기도하지 않으면 처음에는 예배를 조금 소홀히 드리게 된다. 이때는 딱 한 발만 들여놓은 것 같아 큰 위기감이 느껴지지 않는다. 그러나 반복될수록 조금씩 죄를 향해 깊이 빠져들게 된다. 이 일들은 천천히 진행되기 때문에 다시 기도를 시작해서 빠져나올 생각을 잘 못한다.

일단 은혜와 멀어진 자는 죄로 이끄는 각종 유혹 앞에 취약해진다. 그래서 한 번 두 번 그들에 굴복당하다 보면 죄 짓기가 일상이 되고, 반복되면 악에 빠진다(롬 1:21-32). 여기까지도 심각하지만 아직 끝이 아니다. 마지막에는 죽음이 기다리고 있다.

야고보서에서 이 과정의 마지막을 보여준다.

오직 각 사람이 시험을 받는 것은 자기 욕심에 끌려 미혹됨이니 욕심이 잉태한즉 죄를 낳고 죄가 장성한즉 사망을 낳느니라 약 1:14,15

유혹에 넘어가서 죄를 짓고, 그 죄가 지속되면 죽음에 이른다. 기도 없음에서 사망까지의 프로세스는 이미 유명하다. 유혹과 죄의 관계, 그리고 그 심각성은 이미 크리스천에게 오랫동안 반복되었던 신앙 실패의 유명한 방법(?)이다. 존 웨슬리는 이렇게 정리했다.

"인간사 최고 문제는 그리스도인들이 유혹에 빠져 죄를 짓는 것이다."

애초에 빠져들지 않으려면 기도해야 한다. 그러나 자신이 죄에 빠졌음을 자각하는 어떤 순간이 오면 그때라도 다시 기도를 시작하면 된다. 하나님의 은혜 없이는 온갖 유혹과 시험을 이길 방법이 없다. 시편에서는 악에 빠지지 않은 상태의 신자를 "복 있는 사람"이라고 부른다(시 1:1). 계속 기도하며 하나님을 가까이하고 예배하는 사람이 복된 자다.

−시험과 악에 빠지지 않도록 구하라

여기까지 생각한 후에야 내가 번아웃 상태에서 쉽게 분노하고, 타인을 정죄하거나 미워했던 이유도 이해가 되었다. 모든 죄의 유혹들 앞에 쉽게 무너질 수 있는 상태였음을 깨달았다. 한 시간 넘게 울었는데도 눈물이 멈추지 않았다. 수많은 유혹 앞에 매번 연약하게 흔들리는 목사였던 것에 낯뜨거웠다. 죄악에 빠져 영혼의 밤을 보내면서도 계속 기도하지 않았던 것이 부끄러워 견딜 수 없었다.

회개를 지속하는데 주기도문이 생각났다. 이미 예수님이 답을 거기서 말씀해주셨다.

우리를 시험에 들게 하지 마시옵고 다만 악에서 구하시옵소서 마 6:13

이번에는 주기도문을 가지고 부르짖기 시작했다.

"주여, 제가 기도하지 않아서 하나님의 은혜로부터 멀어졌습니다. 그래서 매사에 시험에 들었습니다. 모든 유혹 앞에 취약한 상태가 되어버렸습니다. 그리고 죄까지 이어지는 경로를 만들어놨습니다. 저는 이제 죄의 역치가 매우 낮은 상태입니다. 어떻게 합니까? 주님, 저를 구원해주소서. 주기도문대로 기도하오니 응답하소서. 시험에 들게 하지 마시옵고 다만 악에서 구하시옵소서!"

　－반복적 죄의 행위

'역치'(閾値)라는 것이 있다. 어떤 반응을 일으키기 위한 최소한의 자극 크기를 말한다. 예를 들면, 처음 커피를 접할 때는 한 잔만 마셔도 카페인을 통해 각성 효과를 경험했던 사람이 나중에는 두 잔, 세 잔, 네 잔을 마셔야 같은 효과를 맛본다. "카페인 역치가 높아졌다"라고 말할 수 있다.

죄에도 역치가 있다. 처음에는 유혹 앞에 쉽게 굴복하지 않는다. 그러나 같은 유혹에 반복 노출되면 역치가 높아져 최초의 자극 크기에는 무감각해진다. 그리고 한 번쯤 죄로 넘어간다. 물론 이 과정 어디서든 기도하며 회개로 유혹과 죄의 고리를 끊어내고, 예배하며 하나님을 가까이하면 괜찮다. 문제는 기도가 없는 사람이다. 그는 유혹 앞에 무방비 상태라 죄에 헐값으로 팔려간다.

이때 지은 죄가 A라고 가정해보자. 그러면 A 죄의 역치 역시 함께 높아진다. A라는 죄에 대해 이전보다 더 무감각해진다. 때문에 A에 대해서는 이전보다 더 쉽게 유혹을 당하고 다시 A 죄를 짓는 상황이 된다.

그리고 더 쉽게 세 번, 네 번, 다섯 번… 계속된다. 반복할수록 A에 대한 역치는 계속 높아지고, 급기야 악순환 고리로 들어가 'A 중독'이 생긴다. 특정 영역의 죄를 반복하는 동안 '죄 중독'에 빠지고 만다.

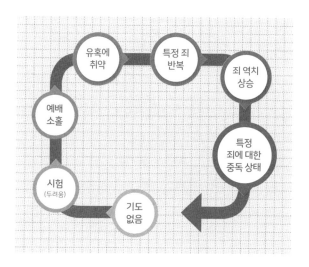

자기를 높인다
－예배에 실패하는 것은 죄다

죄를 불로 비유하자면 그 땔감은 교만이다. 모든 죄의 안내자이자 우상숭배의 기초가 바로 교만이다.

생각해보라. 예배는 하나님을 높이는 행위이지 않은가. 다른 측면에서 보자면, 예배는 하나님 앞에서 자신을 낮추는 상대적 행위이기도 하다. 그렇다면 예배하지 않음은 하나님을 높이지 않는 상태, 혹은 자신을 높이는 상태를 의미한다.

하나님을 높이지 않으면 자기 자신을 높이는 셈이다.

한편, 하나님의 자리를 차지하는 것은 무엇이든 우상이며, 그렇게 내버려두는 사람은 우상숭배자이다. 그러므로 예배를 제대로 드리지 않기만 하더라도 그는 교만과 함께 우상숭배의 죄를 짓는 것이 된다.

이 일에 사울 왕이 우리의 반면교사이다. "이는 거역하는 것은 점치는 죄와 같고 완고한(교만한) 것은 사신 우상에게 절하는 죄와 같음이라"(삼상 15:23).

십계명이 보여주듯, 우상숭배는 죄의 가장 기본적인 형태이다(출 20:3). 그 뿌리에는 교만이 있으며, 그 토양은 하나님을 예배하지 않는 것이다.

죄를 많이 짓는 법 5단계

1. 기도 소홀 - 토양 제공

2. 예배 소홀 - 양분 제공

3. 교만 - 씨앗 발아

4. 우상숭배 나무로 성장

5. 죄 열매 주렁주렁

뿌리: 교만

양분: 예배 소홀

토양: 기도 소홀

－교만이 만드는 세 가지 악영향

수면에 번진 달빛이 해변까지 밀려왔다. 기도하지 않았던 것을 회개하면 할수록 통곡할 것은 늘어만 갔다. 기도하지 않아 교만해졌던 내 모습이 생각났다. 탄식하시던 성령께서 보여주시는 듯했다. 교만해서 당했던 세 가지 일들.

1) 다툼이 일어난다

"교만에서는 다툼만 일어날 뿐이라 권면을 듣는 자는 지혜가 있느니라"(잠 13:10). 끼리끼리 어울리는 법이다. 손바닥도 마주쳐야 소리가 나듯, 교만한 사람은 교만한 사람과 다툼을 하게 된다. 파괴적인 경쟁과 상호 비방, 시기, 질투, 거짓말 등이 교만과 교만이 부딪힐 때 생긴다.

돌아보니 내가 그랬다. 자꾸 교회 리더십들을 정죄하며 서로 다툼을 일으키던 내 모습이 떠올라 오열하며 용서해달라고 부르짖었다.

2) 소중한 것을 잃는다

또 떠오른 것은 '상실'이었다. 다툰 뒤, 몇몇 사람들에게 내리더십을 잃은 적이 있다. 다니엘서 4장의 느부갓네살 왕이 떠올랐다. 그는 다니엘을 통해 하나님의 말씀을 들었다. 모든 말씀을 전달한 다니엘은 왕에게 이렇게 말했다. "그런즉 왕이여 내가 아뢰는 것을 받으시고 공의를 행함으로 죄를 사하고 가난한 자를 긍휼히 여김으로 죄악을 사하소서 그리하시면 왕의 평안함이 혹시 장구하리이다"(단 4:27).

그러나 느부갓네살 왕은 이 말을 듣고도 행치 않았다. 오히려 자기 자신을 높이고 자기 자신을 찬양했다. 성경은 그의 교만을 이렇게 보여준다. "나 왕이 말하여 이르되 이 큰 바벨론은 내가 능력과 권세로 건설하여 나의 도성으로 삼고 이것으로 내 위엄의 영광을 나타낸 것이 아니냐 하였더니"(단 4:30).

모든 업적을 오로지 자기가 했다는 것이었다. 꿈을 꾸고,

그 꿈을 다니엘을 통해 해석 받고, 하나님의 경고의 말씀까지 들었던 느부갓네살이 더욱 교만해졌다.

교만이 모든 것을 망쳤다. 그는 왕위를 잃었다. "이 말이 아직도 나 왕의 입에 있을 때에 하늘에서 소리가 내려 이르되 느부갓네살 왕아 네게 말하노니 나라의 왕위가 네게서 떠났느니라"(단 4:31).

교만하면 직위 해제된다. 느부갓네살에게 가장 중요한 것은 자신의 왕 자리다. 교만하면 가장 중요한 것을 잃는다. 가장 중요한 것을 잃는 것은 다 잃는 것이다. 나도 그랬다. 계속 교만했다면 소중한 사람들을 모두 잃을 뻔했다.

3) 심판받는다

이대로 가다가는 내가 "버림을 당할까" 두려웠다(고전 9:27). 성경에 나온다. 교만하면 버림받는다(단 4:32,33). 교만했던 왕은 7년 동안이나 짐승같이 살았다.

잠언도 교만하면 망한다고 반복하여 경고한다(잠 11:2, 13:10, 15:25, 16:5,18, 21:4,24, 29:23). 교만하면 지혜도 잃는다. 교만은 지혜의 반대말이다(잠 11:2, 13:10, 14:3).

지혜로운 사람은 겸손하다. 바보는 교만하다. 아니, 교만하면 바보 된다. 심판의 세월을 보낸 느부갓네살은 결국 겸손에 대해 이렇게 간증했다.

"그러므로 지금 나 느부갓네살은 하늘의 왕을 찬양하며 칭송하며 경배하노니 그의 일이 다 진실하고 그의 행하심이 의로우시므로 교만하게 행하는 자를 그가 능히 낮추심이라"(단 4:37).

－생존 겸손

교만하면 끝장이다. 하나님에게 심판받는다. 교만하면 다 잃고, 지혜에서 멀어진다. 최악을 경험하게 될 것이다.

기도하는 동안에 교만이 무엇인지가 떠올라 몸서리쳤다. 성령께서 내 심령의 상태를 조명해주신 덕분이었다. 죽게 된 내 모습에 놀라 덜덜 떨었다. 살려고 부르짖었다.

"주여! 교만을 제거해주소서. 겸손을 실행케 하소서. 예수님! 주께로 더욱 가까이, 매일 나가 당신의 겸손을 배우게 하소서!"

기도하는데 또 말씀이 떠올랐다.

그는 근본 하나님의 본체시나 하나님과 동등됨을 취할 것으로 여기지 아니하시고 오히려 자기를 비워 종의 형체를 가지사 사람들과 같이 되셨고 사람의 모양으로 나타나사 자기를 낮추시고 죽기까지 복종하셨으니 곧 십자가에 죽으심이라 이러므로 하나님이 그를 지극히 높여 모든 이름 위에 뛰어난 이름을 주사 하늘에 있는 자들과 땅에 있는 자들과 땅 아래에 있는 자들로 모든 무릎을 예수의 이름에 꿇게 하시고 모든 입으로 예수 그리스도를 주라 시인하여 하나님 아버지께 영광을 돌리게 하셨느니라 빌 2:6-11

말씀을 붙들고 더욱 기도했다.

"교만한 죄인이 교회를 해왔습니다. 저를 용서하소서. 교회는 예수님을 주인으로 모신 사람이 해야 합니다. 저를 바꿔주소서. 예수님! 당신이 겸손의 모범이십니다. 당신의 겸손을 늘 지혜롭게 따르도록 제 미련함을 씻어주소서. 겸손이 덕목이 되는 교회를 세우도록 도우소서! 제가 매일 가족과 교인들에게 겸손을 행하게 하소서. 주님, 제가 스스로를 낮추도록 도와주소서. 주님을 높여 예배하게 하소서."

기도하는 동안 계속해서 말씀이 떠올랐다. 성령님의 음성 같았다.

젊은 자들아 이와 같이 장로들에게 순종하고 다 서로 겸손으로 허리를 동이라 하나님은 교만한 자를 대적하시되 겸손한 자들에게는 은혜를 주시느니라 그러므로 하나님의 능하신 손 아래에서 겸손하라 때가 되면 너희를 높이시리라 벧전 5:5,6

이번에도 말씀대로 기도했다.

"주님, 큰일 났습니다. 제가 교만해져서 하나님이 대적하시는 사역자가 되어가고 있습니다. 저를 살려주소서. 하나님의 권속들을 올바로 이끌 수 있도록 저를 낮춰주소서. 하나님께서 저를 높여주시기 전에는 고개를 무릎 사이에 파묻고 늘 기도하며 지내게 하소서. 주여! 주여! 주여~."

계속 기도하는데 한기가 올라왔다. 이가 서로 부딪혔다. 날은 춥지 않았다. 두려워서 추웠다. 하나님의 말씀은 쇠몽둥이 같았고, 그 앞의 나는 질그릇 같았다. 기도하지 않았던 것이 후회되어 견딜 수 없었다. 양손 가득 해변의 모래를 쥐어뜯으며 소리쳤다. 통곡했다. 하나님이 내 마음을 겸손에 대한 열망으로 가득 채워주셨다. 고개를 무릎 사이에 파묻고 엉엉 울었다. 울다 적었다. 그 무게감을 잊고 싶지 않았다.

"기도가 없으면 교만해진다. 그러면 멸망한다. 겸손해야 존귀해진다. 교만의 반대편으로 도망가야 한다. 겸손에 붙어야 산다. 성경에 다 나온다. 겸손하지 않으면 비참하게 끝난다. 겸손은 선택이 아니라 필수다. 생존이 걸렸다. 성경이 말하는 겸손과 교만을 기억하며 기도해야 한다. 겸손을 연습해야 한다."

노트에 생각을 받아 적은 후 마음이 더욱 간절해졌다. 다시 기도하기 위해 무릎을 꿇었을 때, 이번에는 아예 물 위로 첨벙 엎드렸다.

능력이 없다

새벽 4시가 지나고 있었다.

첨벙거리며 기도하는데 춥지도 않았다. 부르짖다 흐느끼고, 찬양하다가 다시 외쳤다.

"주여, 나를 구원하소서"(마 14:30)!

나는 그때 교회 개척 6년 차였다. 태풍같이 몰아치던 하나님의 은혜가 그리웠다. 하나님께서 보내주신 강풍이 없었다면 나는 교회라는 배에 내 인생 돛을 달아 올릴 수도, 항해할 수도 없었을 것이다.

개척을 막 시작했을 때만 해도 모든 일이 개인 기도로 진행되었다. 교회 시작 첫해, 나는 새벽이면 어김없이 2시간 동안 기도했다. 그것은 습관이었다. 주님과 독대하는 그 시간이 하루 중 가장 소중한 순간이었다.

매번 2시간 기도 후에는 온몸이 뜨거웠다. 뱃속 깊은 곳에서부터 생명력이 뿜어 나오는 것을 느꼈다. 한 번에 한 영혼에게 집중하며 말씀 한마디에도 기도의 호흡이 실려있는 듯했다. 누구도 거스르기 힘든 직관과 통찰력, 그리고 때에 맞는 말씀이 기도를 통해 임했다. 질병도 떠나고 귀신도 나갔다. 어둠이 깃들 자리가 없었다.

사역 중간중간에도 타깃 지역이었던 서교동과 동교동 일대에도 기도장소가 도처에 있었다. 홍대입구역 7번 출구 앞 공사장 한켠 공터, 신촌역 8번 출구 앞 한 전통교회 지하 기도방, 서교초등학교 한 바퀴 골목 산책로, 홍대 캠퍼스 과학관 뒤편 와우 산 진입로 오른편, 상상마당 앞 포차 건물 옥상….

그리고 사역을 마치면 다시 밤기도를 1시간 동안 했다. 내 방 책상 밑에 엎드려 휴대폰으로 찬양을 틀어놓고 종일 뿌린 복음의 씨앗이 잘 자라도록 간구했다.

나는 기도로 충만했던 사역현장을 회상하며 오열했다. 구원의 감격과 성령의 능력으로 가득한 사역자였던 때가 있었다. 그러다 차츰 기도를 멈추었고, 능력도 동시에 사그라들었다. 그리고 번아웃에 빠져 아무것도 못하고 겨우 숨만 붙어있었다.

예전에 읽었던 책이 생각났다. 기업가 제프 올슨은 《슬라이트 엣지》에서 인생 악순환 사이클을 이렇게 보여준다.

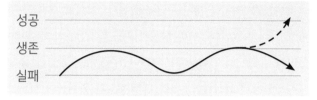

제프 올슨, 《슬라이트 엣지》

　그에 의하면, 대부분의 사람이 생존이 가능한 지점까지 오르기 위해 어려운 일도 불사하며 산다. 하지만 '생존'이라는 수면까지 이르면 이내 방향을 틀어 바닥을 향해 내려간다.

　내 눈에는 여기서 '기도'가 보였다. 이것은 교회 개척을 가능케 했던 능력 그래프 같았다. 아무것도 없는 상태에서 한 교회를 탄생시킨 능력은 기도에서 왔다. 주께서 다 하셨다.

　그러나 기도를 멈추었을 때, 나는 다시 원점으로 회귀했다. 지난 6년 동안 오늘날의 교회가 있게 만든, 개척자의 골방기도를 지속해야 했다. 하던 일을 멈추면 되던 일도 중단된다.

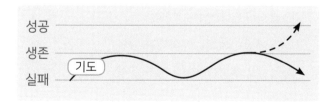

새벽을 맞았다. 미명이 수면에 번졌다. 이제 들개 떼는 더이상 다니지 않았다. 해변에는 하나둘 현지인들의 인기척이 있었다. 나는 더 깊은 곳으로 들어갔다. 나의 기도 없음을 용서해달라던 회개기도는 어느새 찬양으로 옮겨갔다.

주의 말씀 의지하여 깊은 곳에 그물 던져
오늘 그가 놀라운 일을 이루시는 것 보라
주의 말씀 의지하여
믿음으로 그물 던져
믿는 자에겐 능치 못함 없네

기도가 없어서 죽어가던 심령 구석구석에 회개의 불꽃이 일었다. 밤새 기도하도록 은혜를 주신 성령님의 호흡이 바로 코앞에 있는 듯했다. 기름 위 식초 방울 같던 태양도 결국 바다를 지나 땅 위로 올라왔다.

"기도해 봐야 소용없다" → 거짓
"기도는 가장 가치 있는 투자다" → 진실
"기도는 하면 할수록 유익하다" → 진실

거짓을 버리고 진실을 택하라!

신령한 사람이라면 방심하지 말고 깨어서 자신을 지켜야 한
다. 그는 깨어있어야 기도를 제대로 할 수 있다는 것을 안다.
조금이라도 방심하거나 경계를 푸는 것은 기도자에게 사형선
고나 마찬가지이다.

_E. M. 바운즈, 《기도의 심장》

5

**기도하지 않는다는 것의
의미를 알고도
기도를 안 하는 거야?**

너희가 내 이름으로 무엇을 구하든지 내가 행하리니 이는 아버지로 하여금 아들로 말미암아 영광을 받으시게 하려 함이라 요 14:13

선교사님네 와이파이의 비밀

태국 작은 마을에서 한 선교사가 사역을 시작했다.

그는 소명대로 열심히 사역하여 현지인 제자 2명을 얻었다. 이들과 함께 성경공부를 지속했다. 그들과 더 많은 시간을 함께 보내고 싶어 현지에 커피숍을 열어 제자 청년들을 직원으로 고용했다. 종일 함께 일하며 제자화 했다.

일은 순탄히 진행되었다. 월세로 들어간 가게에 인테리어 공사도 시작했다. 사업 진행 중 매장에 와이파이를 설치할 차례가 되었다. 전화번호부를 뒤져 가까운 인터넷 회사에 문의를 했다.

답변이 황당했다. 그곳은 인터넷 연결이 안 되는 곳이랬다. 할 수 없이 선교사는 와이파이 대신 휴대폰으로 테더링해서 매장에 인터넷 환경을 제공했다. 물론 더 많은 돈이 들었다. 준비를 마치고 가게를 오픈했다. 사업도 제자화도 잘 진행되었다.

1년이 지났다. 다른 지역에서 사역하던 선배 선교사가 커피숍에 방문했다. 그리고 인터넷 환경을 보며 배꼽을 잡고 웃었다. 그가 말했다.

"아이고 이 친구야… 이 건물에는 이미 인터넷 라인이 들어가 있어!"

알고 보니 공유기만 꽂으면 인터넷을 사용할 수 있는 단자가 벽에 있었다. 애초에 건물을 지을 때부터 인터넷 라인이 들어가 있었던 것이다. 커피숍 선교사는 깜짝 놀랐다. 매일 오가며 지나쳤던 곳에 인터넷 연결 단자가 있었으니….

매달 내는 월세에 인터넷 사용료가 포함되어 있다는 사실이 이미 계약서에 명시돼 있었다. 게다가 그 서류는 매장 책꽂이에 늘 꽂혀 있었다. 복잡한 심경으로 커피숍 선교사가 대답했다.

"으악! 그럼 제가 1년 동안 안 쓴 거였어요?"

그 선교사는 씁쓸했을 것이다. 인터넷이 없었던 게 아니라 연결만 하면 쓸 수 있었다. 다만 연결하는 것을 놓친 게 문제였다. 그 때문에 1년 동안 더 많은 지출을 감수했고, 여러모로 불편을 겪었음은 무척 아쉬운 부분이었다.

이 이야기는 우리에게도 맞닿는다. 기도를 통해 능력을 연결해내지 않던 모습을 떠올려보라. 기도를 쉬면 기도의 능력을 갖다 쓸 수 없다. 능력이 없어서가 아니다. 무능의 원인은 능력과 '연결'하지 않는 것이다. 그리스도께서 이미 그 능력의 사용료를 다 지불하셨다. 성경에 기록도 되어있고, 이 책은 늘 우리 주변에 있다.

기도가 없으면 능력도 없다. 마가복음 9장을 예로 들어보자. 기도와 능력의 관계에 대한 중요한 이야기가 여기 나온다. 예수님이 제자들 중에서도 핵심인물 세 사람, 베야요(베드로, 야고보, 요한)와 변화산에 다녀오신 직후의 일이다(막 9:2-14).

이에 그들이 제자들에게 와서 보니 큰 무리가 그들을 둘러싸고 서기관들이 그들과 더불어 변론하고 있더라 막 9:14

뒤를 읽어보면, 변론의 내용은 축귀(逐鬼) 능력에 관한 것이다. 예수님이 베야요와 함께 잠시 자리를 비우신 사이, 다른 제자들에게 능력이 나타나지 않았다(막 9:17,18). 능력을 보여주는 일에 실패했다. 능력의 빈자리에는 능력에 대한 말만 남아있었다(막 9:14).

사람들은 헷갈렸다. 제자들이 왜 이번에는 귀신을 쫓아내지 못하는지 궁금했다.

"앞서 제자들은 이미 예수님의 능력으로 귀신들을 쫓아내 주었다. 그런데 이번에는 왜 축귀가 되지 않는가?"

사람들 사이에 말이 번지던 중이었다. 여기서 중요한 사실 하나를 알 수 있다.

능력이 없으면 말이 많아진다. 논쟁과 능력은 반비례한 다. 귀신을 쫓아냈다면 능력에 대한 논쟁은 애초에 없었을 것이다. 말보다 체험이 그 설명에 더 쉬운 것과 같은 논리다 (예: 두리안 과일 맛을 설명해주는 최고의 방법은 먹여주는 것이 다). 많은 말은 능력 없음을 반증하고, 능력 시연은 말이 줄 게 한다.

하나님의 능력이 나타나면 설명이 필요 없다. 말 대신 능 력을 보여주는 편이 더 낫다. 제자들에게는 사람들의 말문을 막을 능력이 필요했다.

무능력의 이유

논쟁 중 예수님이 등장하셨다.

그때 논쟁이 끝났다. 그 대신 능력이 나타났다.

예수께서 무리가 달려와 모이는 것을 보시고 그 더러운 귀신 을 꾸짖어 이르시되 말 못하고 못 듣는 귀신아 내가 네게 명

하노니 그 아이에게서 나오고 다시 들어가지 말라 하시매 귀
신이 소리 지르며 아이로 심히 경련을 일으키게 하고 나가
니… 막 9:25,26

귀신이 쫓겨났다. 말싸움은 끝났다. 치료된 아이는 다시
아빠 품으로 돌아갔다. 군중도 흩어졌다. 소란하던 하루도
끝났다. 해가 졌다. 그러나 제자들은 혼란스러웠다. 자신들
에게 능력이 '있다가 없다가' 해서 그랬다. '왜 이전에는 축귀
능력이 있었는가'(막 6:7-13)? '그런데 왜 오늘은 그 능력이 나
타나지 않는 것인가'(막 9:18)?

듣고 보니 "그 나물에 그 밥" 같다. 열두 제자나 우리나 비
슷해 보인다. 오늘날 우리도 경험하는 일종의 '영적 인지 부
조화' 상태다.

"작년 수련회 때 선교 헌신했는데 오늘은 아예 주일예배도
가기 싫다니… 이게 어떻게 된 일이지?"

"왜 어떨 때는 은혜가 넘치다가 또 어느 순간에는 냉랭해
지지?"

"나는 예수님을 믿는데도 왜 이 정도밖에 안 되지?"

사람들 앞에서 혼란스럽던 제자들은 말싸움꾼들이 떠나
기를 기다렸다. 그리고 '조용히' 예수께 무능력의 이유를 물
었고(막 9:28), 예수님은 이렇게 대답하셨다.

"기도 외에 다른 것으로는 이런 종류가 나갈 수 없느니라"(막 9:29).

예수님의 말씀에 의하면, '능력 없는 제자들'의 다른 이름은 '기도 없는 제자들'이었다. 기도하지 않아서 능력이 나타나지 않았다. 능력 없음은 곧 기도 없음이었다.

성경에 나온다. 예수님의 능력은 이미 제자들에게 주어졌다. 열두 제자를 부르사 둘씩 보내시며 더러운 귀신을 제어하는 권능을 주셨다(막 6:7).

그뿐 아니라 보냄 받은 제자들은 능력 사역의 경험을 이미 했다. 그들은 예수님의 이름으로 병을 고치고 귀신을 내쫓았던 능력자였다. "제자들이 나가서 회개하라 전파하고 많은 귀신을 쫓아내며 많은 병자에게 기름을 발라 고치더라"(막 6:12,13).

성경은 동일하다. 예수님은 변함없으시다. 그런데 그분이 항상 우리와 함께 계심에도 종종 영적 인지 부조화 상태가 일어난다. 하나님의 능력이 있다가 없다가 하는 것만 같을 때가 있다.

어제의 성경은 오늘도 성경이다. 어제의 답이 오늘도 답이다. 그것은 기도다. 능력의 원천이신 예수님이 떠나신 게 아니다. 그분은 우리와 함께 계신다. 그분의 능력은 이미 우리 안에 들어와 있다. 기도가 문제다. 기도로 예수님과 연결하지 않으면 그분의 능력을 가져다 쓸 수가 없다.

능력의 원천

성경으로 다음 질문에 답해보라.

"능력은 어디서 오는가?"

영적 인지 부조화 상태에서 예수님께 조용히 같은 질문을 했던 제자들을 떠올려보라(막 9:28). 그리고 예수님의 대답으로 대답해보라. 그렇다면,

기.도.

예수님을 보라. 그분이 능력의 원천이시다. 그분은 귀신을 "꾸짖어" 쫓아내셨다(막 9:25). 능력의 전형(全形)이 그분의 호령에 있다. 그리스도의 이름으로 기도하기 전까지는 어떤 문제를 꾸짖을 능력이 생기지 않는다. 기도 외에 다른 방법이 없다.

문제들을 무엇으로 내쫓을 수 있는가? 무엇으로 자신의 능력을 뛰어넘는 문제들을 인생 저 바깥으로 꾸짖어 공격할 수 있는가?

성경을 보라. 기도 외에 다른 길은 없다. 말만 많아진 무능력의 현장에서 다른 방법이 없다. 예수님의 말씀을 따라, 예수님의 이름으로, 예수님의 능력을 간구해야 한다. 기도 외에 다른 것으로는 안 된다. 이것을 받아들이고 기도를 행하

는 사람들은 예수님의 능력을 나타낼 것이다. 가는 곳마다 말 대신 능력으로 승부를 보게 될 것이다.

기도 외에 무엇으로 당신이 직면한 문제들을 능력으로 돌파할 수 있는가? 당신이 사랑하는 사람들은 어떻게 지킬 수 있으며, 당신의 마음은 또 어떻게 지킬 수 있는가? 인생의 의미를 찾아 모든 세파를 어떻게 헤쳐나갈 수 있는가? 또 무엇으로 진짜 능력을 발휘할 수 있는가?

다시 카페 선교사 이야기로 돌아가 보자. 그는 1년 동안이나 자신의 방법을 썼다. 물론 이미 건물 안에 인터넷이 들어와 있다는 사실은 전혀 변함없었다. 다만 무언가가 그의 눈을 가리고 생각을 어둡게 했다. 심지어 계약서에도 나와있는 내용이었는데 사용하지 않았다. 그것은 낭비였다.

더 많은 에너지와 자원을 사용하면서도 정작 문제 해결은 제대로 하지 못했던 게으름이었다. 그는 자신의 핸드폰을 통해 인터넷 사용을 더 어렵게 했다. 지불하지 않아도 될 대가까지 내가면서.

하나님의 능력도 마찬가지다. 기도한다면 실패도 합력해서 최선이 될 것이다. 기도하지 않는다면 성공해도 그 성공 때문에 망하게 될 것이다. 기도로 간다면, 최단 거리로 일을 진행할 수 있다. 시간도 에너지도 아껴 쓸 수 있다. 쓸데없는 낭비들을 애초에 쓸어내준다.

한 번뿐인 인생이다. 아껴 쓰고 싶다. 이 소중한 소명의 시간을 기도 외에 다른 방법들로 낭비하기 싫다. 기도하고 성경을 펼쳐야 한다. 기도 후에 성도들을 방문해야 하고, 기도하면서 심고 물을 주어야 하며, 기도하면서 천국 금메달 향해 새벽을 열어야 한다.

기도의 능력이 들어와 있어도, 정작 기도로 연결하지 않으면 가져다 쓸 수가 없다. 잊을 게 따로 있다. 기도는 꼭 기억해야 한다. 기도를 쉬면 능력이 없다.

능력은 이미 내 몸 안에 그리스도를 통해 들어와 있으니, 이제 기도로 연결하기만 하면 된다. 능력 없음을 누군가와 상의하기 전에 기도로 그 능력을 가져다 쓰는 크리스천이 돼야지!

비가 오면 예수님도 오시려나 싶어
한참 창밖을 보다가 낮은 구름이
아버지 마음 같아 기도 노트를 꺼내 든다.
쌓인 이름, 주룩거리는 인생들 안 아픈 손가락이 없어서
비도 구름도 바람도 멈추지 않는다.

6

기도 쉬면 죄인,
그러니까 너는 죄인

나는 너희를 위하여 기도하기를 쉬는 죄를 여호와 앞에 결단코 범하지 아니
하고 선하고 의로운 길을 너희에게 가르칠 것인즉 삼상 12:23

새벽 4시, 지키는 기도

구정 연휴가 끝난 첫 주였다.

1시간의 시차도 몸이 반응했다. 평소보다 1시간 일찍 깼
다. 숙소의 모두가 잠든 대만의 새벽 4시. 단기선교 2일 차였
다. 눈을 떠 각 방과 거실에 널브러진 형제들을 한 명씩 살펴
보며 지키는 기도를 시작했다.

대만에 와서 고작 하루 지났는데도 사건 사고가 많았다.
첫날부터 아픈 사람도 있었고, 별거 아닌 일로 관계에 문제
가 생겨 삐진 사람도 있었다. 한국에서 미리 준비해온 사역들
은 첫 시간부터 날씨와 거리 조건, 환경 등의 이유로 무산되
었다. 모두 마음이 어려웠다. 남은 5일을 까마득해 하며 잠
든 팀원들. 그들 사이로 먼저 일어나 하나씩 살피며 지키는

기도를 시작했다.

"하나님 아버지, 대만 비전트립을 허락해주시니 감사합니다. 여기 주께서 제게 맡기신 영혼들이 함께 와있습니다. 주님의 능력 있는 팔로 꿈에서라도 지켜주시고 천국의 품에 안긴 듯 숙면하게 하소서.

들판은 희어져 추수할 때가 되었는데 이곳에서도 추수할 일꾼은 적고 우리는 할 일이 많습니다. 주께서 우리를 기도꾼들로 만들어주셔서 모든 일을 감당할 만하게 하소서.

오늘도 종일 예수 그리스도의 이름을 사용하는 믿음의 능력을 주소서. 주께서 천국 지혜와 능력을 매 순간 부어주셔서 직면하는 모든 보이는 일들과 보이지 않는 일들까지도 감당하게 하소서.

보혈의 능력으로 희어진 거룩한 옷 입고 다니게 하여주소서. 진리를 거스르는 세상의 모든 거짓말과 지옥세력으로부터 한 사람 한 사람을 지켜주소서. 질병과 모든 악함으로부터도 우리를 지켜주소서. 하나님을 향해 예배하는 마음으로 지켜주소서…."

앞서 얘기했던 번아웃은 태국에서 밤새 기도하며 간신히 벗어났다. 내 마음 하나 못 지키던 상태는 끝났다. 그리고 기도 범위가 나를 넘어설 수 있는 여력도 생겼다.

사랑하는 사람들을 기도로 지키는 일을 다시 시작했다.

언제 어디서나 한 번에 한 사람씩 기도해주었고, 매일 멈추지 않았다. 하루라도 기도를 쉬면 나는 또 영적으로 죽은 리더가 될 게 뻔했다. 국내에서든 해외에서든 예외는 없었다. 같은 실패를 두 번 하지 않으려면 계속 기도하고 더 기도해야 했다.

도끼기도

기도할 때 성도들의 영적 상태가 보였다.

각자 어떤 문제를 위해 기도해줘야 하는지를 깨달았다. 누군가는 겸손이 필요했고, 또 다른 이는 관계 회복이, 그리고 어떤 이는 위로와 도전이 필요했다.

나는 목사다. 목양자다. 한국, 태국, 대만… 장소에 상관없다. 어디서든 그리스도의 양 떼를 그리스도께로 이끄는 일이 내 소명이다. 이 일은 영적인 일이다. 영적 감각으로 각각의 형편을 살펴야 하는 업무다. 주린 양에게는 먹이고, 추운 양에게는 입히고, 힘겨워하는 양에게는 털을 밀어줘야 한다. 맑은 물가 푸른 초장에서 마음껏 말씀을 먹고 마시도록 안내해주고, 밤이 되면 온갖 들짐승들로부터 찢기지 않도록 내 몸으로 지키려면 다른 길이 없다. 기도해야 한다.

영적 감각으로 사랑하는 이들의 형편을 살피는 건 온유한 태도를 필요로 한다. 예를 들어, 주린 양이 먹기 싫다고 한다면 그에게 폭력적으로 영양분을 떠먹일 수 없다. 스스로 먹겠다고 할 때까지 환경을 인도해줘야 한다. 이 일은 부드럽게 해야 한다. 그리스도의 성품이 필요하다. 그리스도의 능력이 임해야 할 수 있다. 그래서 기도가 필요하다. 기도 외에 다른 것으로는 파워가 나타나지 않는다.

하나님의 양 떼와 인간 목자 사이에서 기도는 둘 중 하나가 죽어 없어질 때까지 지속된다. 그리스도의 양 떼를 지키는 기도는 한 번으로 안 된다. 한시도 마음을 놓을 수 없다. 방심하다가는 언제 어디서 어둠의 세력, 거짓의 아비에게 뜯어먹힐지 모른다(벧전 5:8). 그리스도의 품에 모두가 안기는 날까지 매일 지키는 기도로 사랑하는 이들을 살펴야 한다.

네 양 떼의 형편을 부지런히 살피며 네 소 떼에게 마음을 두라
잠 27:23

언젠가 읽었던 책 제목을 좀 비틀어 말하자면, 기도는 도끼다. 때린 곳을 또 때려야 나무가 넘어가듯, 타인을 위한 기도는 반복, 지속되어야 한다. 한 번에 한 사람씩 기도하는 중에 알게 된 영적 상태의 어두움이 해결될 때까지 찍어 대야 한다. 반복해서 기도해야 한다. 아픈 이가 나을 때까지, 심란한 영혼은 평안해질 때까지, 좌절한 심령은 일어설 때까지

기도로 찍어 대야 한다.

지속은 집중한다는 것이기도 하다. 도끼기도에는 목양 에너지를 올바로 집중시키는 힘이 있다. 누군가를 위해 지속적으로 기도하다 보면 그를 위해 무엇을 더 기도해야 하는지가 보인다. 이것이 목양자의 영적 감각이 되어 같은 기도를 반복하며 집중하도록 돕는다. 빙 둘러가며 여기저기 한 군데씩 찍어봤자 나무는 넘어가지 않는다. 지키는 기도는 찍은 데 또 찍는 기도다. 도끼질이 아니라 기도질이다.

도끼기도를 하다 보면 겸손해진다. 기도할수록 영적 감각이 살아나 양 떼의 정체성을 깨닫게 된다. 내 안에 계신 성령께서 자신의 양 떼 안에도 동일하게 계신다. 그런 분이 내 기도를 도우신다. 기도할 때 양 떼들을 향한 성령님의 관점을 엿보게 되어 성도들 각자의 영적 사정을 살필 수 있다.

기도하면 알 수 있다. 그들은 내 양이 아니다. 그리스도의 소유다. 그리스도께서 나보다 더 잘 아시고, 더 사랑하신다. 선한 목자 되신 그리스도에 비하면 내 목양 지식은 쓸모없고 내 사랑은 쓰레기 같다. 나는 그분 앞에서 삯꾼 알바생에 불과하고, 문지기에 지나지 않는다.

기도하지 않으면 그리스도의 영이 성도 각각을 어디로 이끌어가고 계시는지 알 길이 없다. 자신의 영적 무지에 대한 앎은 기도할 때만 알 수 있는 겸손 지식이다.

어떤 사역도 기도 없이는 무능하다. 이것은 기도할 때에야 알 수 있는 온유 지식이다. 이 지식은 다시 도끼기도질의 동기가 된다. 그리고 선순환된다.

지키는 기도의 두 가지 특징

첫 번째 특징은 '파워'다. 지키려면 힘이 필요하다.

'지킨다'를 넣어서 아무 문장이나 만들어보면 이해가 쉽다. '군대가 나라를 지킨다', '경찰이 시민을 지킨다' 등등. 군대가 나라를 지키려면 군사력이 있어야 하고, 경찰이 시민을 보호하려면 공권력이 있어야 한다. 힘이 없다면 누군가를 지킬 수 없다. 이 힘은 지키는 기도를 반복하는 가운데 얻을 수 있다.

두 번째 특징은 '적대성'이다. 파워가 필요한 이유는 무력 행사의 대상이 있기 때문이다. 힘을 행사할 대상에게 적대적이지 않다면 지키는 일을 할 수 없다. 지키는 일의 필요 자체가 대적이 있을 때 생긴다. 앞서 들었던 예를 이어서 말하면, 군사력은 적의 세력에게, 공권력은 위법자에게 적대적이다. 지킨다는 것은 최소한 잠정적으로라도 공격자가 있다는 뜻이고, 그것은 적대성과 이어진다. 예수님의 "양의 문" 선언에서도 이 두 가지 특징이 엿보인다.

나는 양의 문이라 요 10:7

　예수님 당시 팔레스틴 지역에서는 양 떼를 목초지로 이끌
고 다녔다. 지금처럼 가축 사료를 먹이는 것이 아니었다. 목
자는 꼴과 물이 있는 곳으로 자신의 양 떼를 이끌고 가 먹이
고 마시게 했다. 그러다 밤이 되면 목자는 디귿자(ㄷ)로 돌
담을 쌓은 야생의 우리 안에 양 떼를 안착시켰다. 거기에는
문이 없었다. 문이 있어야 할 자리는 비어있었다. 그 자리에
목자가 드러누웠다. 자신의 몸을 양의 문으로 제공했다. 이
유는 지키기 위함이었다. 양 떼가 밤을 맞이해서 자는 동안
목자는 그들을 몸으로 지켰다.

　당시 목양자들은 허리춤에 무기를 가지고 다녔다. 물매와
단검을 가진 목자들은 무력을 가지고 있었다. 다윗과 골리
앗 스토리를 기억하는 사람이라면 알 것이다. 십대의 소년이
었던 다윗은 골리앗과의 싸움에 앞서 자신이 야생에서 사자
와 곰을 대적했던 이야기를 했다(삼상 17:36). 그것은 다윗이
목자였던 것을 뜻한다.
　또한 당시 목자들은 모두 '양의 문'이었다. 다윗도 양 지킴
이였다. 그들은 야생의 사자와 곰과 늑대로부터 자신의 양
떼를 밤새 지켰다. 목숨을 건 싸움꾼들이었다.

'양의 문'은 야생에서 밤새 양 떼를 몸으로 지키는 싸움꾼의 또 다른 이름이었다. 이들은 무력을 가지고 있었다. 동시에 양 떼를 위협하는 모든 야생동물들에게 적대적이었다. 자신을 이러한 "양의 문"으로 소개하셨던 예수님은 뒤이어 "선한 목자"의 캐릭터에 대해 다음과 같이 말씀하신다.

나는 선한 목자라 선한 목자는 양들을 위하여 목숨을 버리거니와 요 10:11

그분은 자신의 양 떼들을 위해 목숨을 버리셨다. 파워를 가진 분이 적대적인 무력행사를 하시되, 목숨을 다하기까지 하시는 모범을 보이셨다. 목양자는 양의 문이다. 그는 지키는 자이며 적대 세력을 향해 목숨을 건 싸움꾼이다. 그리스도의 양 떼를 돌보는 모든 이들은 예수님의 모범을 좇아 지키는 기도질을 하되 악한 세력에 맞서 적대적으로 반복한다.

힘은 어디에서 오는가
그렇다면 지키기 위한 힘은 어디서 오는가?
이 질문에 대답하기 위해 성경을 열어 '지키는 일'에 대해 찾아보면 다음 구절이 가장 먼저 나온다.

…경작하며 "지키게" 하시고 창 2:15

…그들에게 "복"을 주시며… 창 1:28

지키는 일과 그에 필요한 파워는 성경의 첫 부분부터 나오는 주제다. 창조주께서는 본인의 세상을 인간에게 맡기며 "지키게" 하셨고 그에 필요한 파워인 "복"도 이미 주셨다. 여기에 지키는 일의 프로토타입(prototype)이 나오며 그 안에 원리가 들어있다.

개인의 힘으로는 세상을 지킬 수 없다. 힘의 원천은 창조주께 있다. 아담의 하나님은 지금도 동일하시다. 우리도 누군가를 지키려면 계속 그분의 능력을 기도로 의지해야 한다. 아담만큼이나 우리에게도 같은 원리가 적용된다. 하나님이 아담에게 "지키는" 일을 맡기셨다.

비록 그가 범죄하고 타락해서 이 일에서 해고당했지만(창 3:24), 창조주께서는 그리스도를 보내어 이 일을 다시 우리에게 돌려주셨다(요 17:12). 처음부터 존재했던 적대 세력으로부터(창 3:1, 계 12:9) 세상을 지키는 일은 다시 우리의 일이 되었다(고전 15:45).

그뿐만이 아니다. 지키는 업무를 회복한 그리스도의 사람들을 온 세상이 기다리고 있다(롬 8:19). 세상을 지키는 일, 그리스도의 사람들을 지키고 교회를 지키는 일이 우리에게 다시 주어졌다.

군대가 무력을 국가에게 부여받듯, 우리는 파워를 하나님의 나라로부터 얻는다. 업무를 맡기신 분이 그 나라의 주권자시다. 지키는 힘의 원천이 그분에게 있다. 지키는 일을 맡기신 분이 지키는 힘을 주신다. 창세기 1-2장에서와 다를 바없다. 창조주의 말씀대로 순종하며 그분과 동행할 때 우리는 지키는 힘을 얻는다.

예수님의 지키는 기도

지키는 힘은 주님과의 동행에서 나온다.

주님과 동행하는 최고의 방법은 기도다. 예수님이 그 모범을 보이셨다. 겟세마네 동산으로 함께 가보자. 십자가를 지시기 전날 밤이다. 예수님은 제자들을 위해 밤새 기도하신다. 그때 주님은 "지키다"라는 표현을 쓰신다.

내가 그들과 함께 있을 때에 내게 주신 아버지의 이름으로 그들을 보전하고 지키었나이다 요 17:12

이 구절에 지키는 기도의 원형이 들어있다. 다음 각 키워드에 주목해보라.

1. "내가 그들과 함께 있을 때에"

이것이 지키는 기도의 첫 번째 키워드이다. 짧게 말하자면 '동행'이다. 에덴 동산에서처럼 하나님과 함께 걷는 것이다(창 3:8). 예수님이 제자들을 부르신 첫 번째 이유가 "자기와 함께 있게" 하시기 위함이었다(막 3:14).

예수님은 제자들과 동행하셨다. 지키기 위함이었다. 예수님의 지키는 기도는 당신이 지키고 싶으신 제자들과 함께 있는 것에서 시작되었다. 그리스도께서는 지금도 변함이 없으시다. 함께 거하심을 통해 우리를 지키신다.

그러니 우리도 같은 일을 한다. 골방에 들어가 예수님과 둘이 거하는 시간을 통해 나를 지키고 사랑하는 이들을 지킨다.

2. "내게 주신 아버지의 이름으로"

지키는 기도는 기도로 함께 있을 뿐만 아니라, 하나님의 능력을 간구하는 기도이다. 이름에는 그 사람의 정체성이 담겨있다. 예수님이 "아버지의 이름으로"라고 말씀하셨을 때는 "아버지의 정체성으로"라는 표현을 하신 것이나 다름없다.

하나님의 정체성은 하나님의 능력을 보여준다. 그분은 창조주시다. 그분의 이름에 근거하는 순간 그분의 창조 능력을 의지하는 것이 된다. 여기에 예수님이 지키는 일을 어떻게 하셨는지에 관한 두 번째 키워드가 나온다. '지키는 일'은 하나님의 능력으로 하는 것이다.

예수님은 성육신하신 창조주시다(고전 8:6, 골 1:16). 그분의 힘과 능력은 땅과 세계와 하늘들에 둘려있다(렘 10:12). 그런 능력자가 자신의 제자들을 창조주의 능력에 근거해 지키셨고 이를 위해 기도하셨다.

주님은 이 기도를 홀로 하지 않으셨다. 겟세마네의 마지막 기도에 제자들도 함께 가자고 하셨다(막 14:34). 지키는 기도에 제자들을 초대하셨다. 그뿐만이 아니었다. 지키는 기도를 하셨던 예수님은 기도할 것을 제자들에게 반복 요구하셨다(요 14:14, 16:23). 이런 기도의 요구는 역사를 가로질러 우리에게도 도착했다. 하나님의 사람들을 하나님의 파워로 지키는 일은 '지키는 기도'라는 방법으로 예수님에게서 우리에게로 이어졌다.

지키는 기도의 네 가지 형태

지키는 힘에 대한 비유를 하나 들어보자.

가장에게는 가정을 지키는 고유 임무가 있다. 가족을 지킬 때 필요한 힘 중 하나는 경제력이다. 이것은 단순히 돈을 번다는 것만 의미하지 않는다. 만약 어떤 가장이 돈을 벌어서 자기 혼자 먹고 마시고 여행 다니는 데 다 써버렸다면 무책임한 가장이다. 경제력만으로는 부족하다. 그것을 제대로 사용해야 가장이다. 지키는 기도도 이와 같다.

만약 지키는 업무를 위임받은 우리가 그 파워를 제대로 사용하지 않으면 하나님께 죄를 짓는 게 된다. 기도만 한다고 될 일이 아니다. 기도의 현장에서 그 파워를 어디에 사용하는지가 중요한 문제다. 지켜야 하는 영혼들을 위해 기도를 지속해야 이 일을 맡기신 하나님 앞에 떳떳할 수 있다. 사무엘 선지자는 이렇게 말했다.

나는 너희를 위하여 기도하기를 쉬는 죄를 여호와 앞에 결단코 범하지 아니하고… 삼상 12:23

사무엘에게는 기도로 지켜야 할 사람들이 있었다. 그들은 하나님의 양 떼, 이스라엘이었다(시 95:7). 사무엘은 그들을 위해 기도하다가 찍어내야 할 문제를 발견했다. 겉으로는 왕을 구하는 합당한 이유를 들고 나온 백성들이었지만 그 이면의 영적 문제는 따로 있었다. 그들이 하나님을 잊은 것이다(삼상 8:5, 12:9).

드러난 문제의 수면 아래에는 드러나지 않은 원인이 있었다. 기도를 통해서 알게 되었다(삼상 8:6). 기도가 없으면 문제만 보인다. 기도가 있을 때에야 그 원인도 깨닫게 된다.

사랑하는 이들을 위한 지키는 기도가 그들에 대한 영적 감각을 일깨웠다. 기도 후에야 사무엘은 진짜 문제에 대해 파악했다. 그러자 백성들이 사무엘을 중보자처럼 여기고 기도를 부탁한다.

모든 백성이 사무엘에게 이르되 당신의 종들을 위하여 당신의 하나님 여호와께 기도하여 우리가 죽지 않게 하소서 삼상 12:19

여기서 지키는 기도의 첫 번째 형태가 나온다.

1. 필요를 위해 기도한다

문제 상황에서 대부분의 사람은 자신에게 진짜 필요한 것이 무엇인지를 잘 모르고 산다. 이스라엘 백성들이 그랬다. 자신들의 불순종과 죄 때문에 고통당한다는 것을 깨닫지 못했다. 기도가 없어서였다.

반복되는 전쟁을 경험하는 동안 그들에게 가장 필요했던 것은 회개였는데, 기도가 없으니 영적 감각도 없었다. 백성들은 고작 미봉책을 구할 뿐이었다. 왕을 달라고(삼상 8:1-5).

그러나 이 요구를 받은 사무엘은 더욱 기도했다(삼상 8:6). 지키는 기도자에게 하나님은 필요의 실체를 보이셨다(삼상 8:7-9).

백성들의 마음 상태는 죄로 교묘했다. 눈앞의 요구는 언뜻 정당해 보였다. 사무엘도 늙고 후계자로 마땅한 인물도 없었다(삼상 8:5). 그러나 하나님을 속일 수 있는 자는 없다(갈 6:7-10). 그들의 요구 이면에는 회개치 않으려는 교만이 있었다. 하나님을 잊은 백성들이 자신들의 죄의 결과를 대신 처리해줄 왕을 구하고 있었다. 그들의 진짜 필요는 왕이 아니라 회개하는 마음의 상태였다. 하나님을 왕으로 대하는 경외와 겸손의 태도였다.

사무엘은 기도로 이를 알았다. 그래서 백성들의 필요 앞에서 진짜 필요를 보일 수 있었다(삼상 12:1-9). 지키는 기도로 일관하는 지도자 덕분에 백성들도 사무엘 앞에 왕을 구했던 것을 철회하며 올바른 기도 부탁을 뒤늦게라도 할 수 있었다. 여기에 지키는 기도의 두 번째 형태가 나온다.

2. 중보기도를 한다

물론, '중보'라는 표현은 그리스도께만 어울린다. 중보자는 한 분 예수님뿐이시다(딤전 2:5). 하나님과 죄인들 사이를 중재하실 수 있는 유일한 능력이 그분에게만 있다. 그러나 그리스도의 사람들은 그리스도로 산다는 것을 볼 때, 우리는 그리스도의 중보 사역을 함께 진행하는 동역자가 된다(갈 2:20).

그리고 성경신학에서 말하는 유형론(typology)으로 이야기한다면, 사무엘은 하나님과 사람 사이에 서 있는 그리스도의 모습을 미리 보여주는 인물들 중 하나다. 그래서 사무엘에게도 '중보기도'라는 표현을 쓸 수 있다.

지키는 기도의 또 하나의 형태는 중보기도다. 사무엘은 기도 중 발견한 진정한 필요로 사람들을 일깨운 후에 그들로부터 필요기도 부탁을 받았다. 그리고 사람들을 대신해서 하나님 앞에 그들의 필요를 가지고 기도하는 중보자의 자리로 나갔다.

영적 지도자가 하는 이러한 중보기도의 모습은 신약 교회 시대에도 유효하다. 성령께서 기도하심을 따라 함께 기도하는 자들이 있다(롬 8:26,27). 사도 바울 역시 중보자는 한 분 예수님뿐이시라고 밝히기 직전에 디모데에게 중보기도를 부탁했다(딤전 2:1-4). 병든 자들을 위해 교회 리더십이 나서서 기도해줘야 하며(약 5:14), 동족 형제들을 위해서뿐만 아니라 원수들을 위해서도 기도해줘야 한다(롬 10:1, 마 5:22).

바울 사도의 중보기도는 오늘날의 목양자들에게 지키는 기도의 모범을 보여준다. 그중에서도 에베소서의 기도문은 대표적이다.

내가 기도할 때에 기억하며 너희로 말미암아 감사하기를 그치지 아니하고 우리 주 예수 그리스도의 하나님, 영광의 아버지께서 지혜와 계시의 영을 너희에게 주사 하나님을 알게 하시고 너희 마음의 눈을 밝히사 그의 부르심의 소망이 무엇이며 성도 안에서 그 기업의 영광의 풍성함이 무엇이며 그의 힘의 위력으로 역사하심을 따라 믿는 우리에게 베푸신 능력의 지극히 크심이 어떠한 것을 너희로 알게 하시기를 구하노라

엡 1:16-19

3. 하나님의 말씀에 복종한다

어떤 수영 코치가 있다고 가정해보자. 그가 수영을 할 줄 모른다면 누가 그에게 배우려 하겠는가? 말씀 전달자도 그렇다. 본인이 순종하지 않는 말씀을 전할 수 없다. 제대로 전하려면 기도하는 동안에 자신이 먼저 순종자가 되어야 한다.

사무엘을 보라. 기도의 현장에서 진정한 필요를 발견한 사무엘은 백성들에게 하나님의 말씀을 전했다.

두려워하지 말라 너희가 과연 이 모든 악을 행하였으나 여호와를 따르는 데에서 돌아서지 말고 오직 너희의 마음을 다하여 여호와를 섬기라 돌아서서 유익하게도 못하며 구원하지도 못하는 헛된 것을 따르지 말라 그들은 헛되니라 삼상 12:20,21

하나님이 기도자를 통해 말씀하셨다. "두려워하지 말라." 그렇다면 이것을 전달하는 자부터 두려움이 없어야 한다.

말씀은 이어졌다. 우상숭배를 멈추고 돌이켜 여호와를 섬기라셨다. 이 말씀을 전달하려면 사무엘부터 하나님을 섬기는 사람이어야 말이 된다. 이런 식이다. 말씀에 순종할 요구를 기도자가 먼저 받게 된다. 지켜야 할 사람들을 위해 기도하면 그들에게 전해야 하는 말씀이 임하고, 자신이 먼저 말씀의 짐을 지게 된다.

먼저 듣고, 먼저 순종해야 지키는 기도자답다. 그는 말씀에 실린 하나님의 무게를 지고 자신이 지켜야 할 사람들에게로 가는 사람이다. 지키는 기도자에게는 지켜야 하는 사람들을 향해 하나님의 말씀을 전달하는 책임이 뒤따른다. 여기에 지키는 기도의 세 번째 형태가 있다. 지키는 기도는 하나님의 말씀에 순종하는 모습으로 나타난다.

4. 기도를 쉬지 않는다

끝으로 또 하나의 형태는 기도를 지속하는 것이다. 지키는 기도란 일회적일 수 없다. 그것은 지속하는 것이다. "기도를 쉬는 것이 죄"라는 사무엘의 표현에 나온다. 기도를 쉬는 것이 왜 하나님께 죄가 되는지를 살펴보자면 적어도 세 가지를 생각해볼 수 있다.

우선, 기도를 안 하는 것은 하나님을 모욕하는 것이다.

세상 모든 것이 다 하나님의 소유다(신 10:14). 백성들도 다 하나님께서 만드셨다. 하나님은 그들을 돌보는 일에 사무엘을 부르셨다. 만약 그가 "저는 하나님이 맡기신 이 백성들을 위해 기도할 시간이 없어요. 바빠요!"라고 했다면, 그는 하나님을 무시하는 사람으로 전락해버릴 것이다. 이것은 우리에게도 해당된다.

하나님께서 예수 그리스도를 주셨다. 그 안에서 우리는 세상 모든 민족을 제자 삼을 것을 명령받았다(마 28:19). 여기에 순종하며 맡은 영혼들이 있는데, 그들을 위해 기도하기를 쉰다면? 이것은 맡기신 이를 모욕하는 행위다.

두 번째로, 기도를 안 하는 것은 자신을 망치는 행위다.

하나님에게서 벗어나면 죄다. 아담을 보라. 그는 인류 최초로 지키는 업무를 창조주로부터 부여받았다(창 2:15). 그러나 일 맡기신 분에게 불복종하자 곧 직위 해제되었다(창 3:24). 이 일로 아담은 에덴을 잃고 고통의 나날을 보냈다(창 3:17-19). 맡은 일을 제대로 하지 않으면 자신을 망친다.

그리스도 안에서 우리는 하나님의 동역자가 되었다(고전 3:9). 정체성이 바뀌었다. 이제 우리는 그리스도의 일을 그리스도의 뜻대로 진행해야 한다. 이 동역의 길에 필요한 모든 것을 하나님께 기도로 얻어 사용해야 한다(마 7:7). 기도를 하지 않는다면 동역이 순조롭지 않게 된다. 그분의 일을 그분의 방법대로 할 수 없다. 이것은 소명을 망치는 길이다. 인생을 어긋나게 한다. 불필요한 고통으로 인생을 몰고 가는 일의 출발점은 기도하지 않는 것이다.

세 번째로, 기도를 쉬면 사랑하는 사람들을 망치게 된다.

주변을 둘러보라. 기도가 절실하지만 전혀 기도하지 않는 사람들이 있는가? 그들을 어떻게 도울 것인가? 전능하신 하나님께서 우리에게 기도를 명령하시고 기도자와 함께 일하시기로 하셨다면, 우리는 기도를 통해 일해야 하지 않겠는가? 또한 어떻게 사랑하는 사람들을 지킬 것인가? 지키려면 힘이 필요하고 그것은 기도를 통해 발현된다.

그렇다면 사랑하는 사람들을 지키는 일을 기도 없이 어떻게 진행할 수 있겠는가? 혹시 하나님의 힘보다 더 큰 힘이 있다고 진짜 믿는 것인가?

특히 제자를 삼고 돌보며 키우는 목양의 일은 하나님께서 주관하시는 일이다(고전 3:6). 이것은 기도로 진행할 때에야 좋은 열매가 맺히는 일이다. 복음의 씨를 뿌릴 때부터 기도해야 한다. 아니 그 전부터 기도로 준비해야 한다. 농부는 씨 뿌리기 전에 밭부터 갈아엎어 놔야 한다. 우리의 영적 농사인

전도와 제자화도 그렇다. 기도는 영적 밭 갈기와 같다. 만약 척박한 땅에 무턱대고 씨앗만 뿌려댄다면 농작물을 망치는 무책임한 농부일 것이다.

전능하신 창조주 하나님께서 우리에게 예수님을 보내주셔서 십자가에서 피 흘려 죽게 하시고 또한 부활하게 하셨다. 이것을 믿는 자들에게 성령님을 보내주셔서 기도를 통해 주님과 공조하게 하셨다. 이것을 믿는다면 기도를 안 할 이유가 없다. 더군다나 우리가 기도를 쉬면 그것이 삼중으로 죄가 되니(하나님을 모욕하는 죄, 나를 망치는 죄, 다른 사람들을 망치는 죄) 성도라면 기도를 지속할 수밖에 없다.

먹어봐야 맛을 평가할 수 있듯
기도해야 능력에 대해 말할 수 있다.
기도에 대한 논의는 기도가 아니다.
기도는 액션이다.
기도를 실행해야 기도다.
기도 없이는 기도를 알 수 없고
그 능력도 맛볼 수 없다.

7

누군가를 진짜 지키려면
그를 떠나
하나님 독대부터!

나에게 이르시기를 내 은혜가 네게 족하도다 이는 내 능력이 약한 데서 온전
하여짐이라 하신지라 그러므로 도리어 크게 기뻐함으로 나의 여러 약한 것들
에 대하여 자랑하리니 이는 그리스도의 능력이 내게 머물게 하려 함이라
고후 12:9

찐따의 구애법

20대 초반의 한 찐따가 있었다.

어려운 군 복무를 마친 그는 자신감이 넘쳤다. 어떤 일이
든 잘 해낼 것만 같았다. 무엇이든 군대보다는 쉬울 것 같았
다. 당장 결혼부터 하고 싶었다. 눈에 띄는 여러 여자에게 들
이댔다. 지혜도 기도도 없이.

그는 모두에게 거절당했다. 자신감도 떨어졌다. 그러자
자신의 모습에 대한 다른 판단이 생겼다. 돈, 스펙, 외모 어
느 하나 내세울 것 없는 인생으로 보였다.

방황이 시작되었다. 교회를 떠났다. 자격증을 따기 시작
했다. 닥치는 대로 일자리를 찾아 열심히 돈을 벌었다. 맹렬
히 달렸다. 위험했다. 목표 없이 추진하는 핵미사일 같았다.

어린 시절 모교회 주일학교 선생님이었던 형이 찾아와 그의 방황을 가로막았다. 하나님이 은혜를 주셨다. 교회 선배의 말이 하나님의 말씀으로 들렸다. 열심히 살아도 허전하기만 하던 그는 울었다. 그리고 교회 기도실로 돌아갔다.

나쁜 일은 좋은 일의 출발점이 되었다. 방황 덕분이었다. 기도를 시작했다. 그는 인생 전반을 재평가하며 기도골방을 중심으로 6개월을 보냈다. 하나님과 이전 어느 때보다 깊이 동행했다. 안 하던 새벽기도를 매일 하기 시작했고, 금철도 공예배도 빠지지 않았다. 기도회뿐 아니라 홀로 있거나 거리를 걸을 때도 마음으로 기도했다. 하나님 앞으로 나가는 것 외엔 어디 갈 곳도 없어 보였다.

그 기도가 많은 것을 바꾸었다. 자신에게서 빠져나오는 것부터였다. 처음에는 우물 안 개구리처럼 자기 인생만 바라보던 사람이었다. 그러나 기도를 통과하자 하나님을 보는 방법을 점차 익히게 되었다. 그 과정에서 이상형도 재정립되었다. 눈이 달라지자 매력을 느끼는 대상도 달라졌다. 관점이 바뀌자 인생 계획도 바뀌었다. 그는 신학대학원에 입학했고 전도사가 되었다.

교회와 신학교를 오가던 어느 날, 그는 하나님께 집중하는 한 자매를 발견했다. 기도의 자리에서 꿈꾸던 신붓감이었다. 그는 기도의 자리로 또 갔다. 확인 작업이 필요했다. 그녀의 매력이나 자기 감정에 빠지지 않고 기도에 빠졌다. 기도의 자리에서 그녀가 정말 신붓감임을 확인하고 또 확인했다.

3개월간 매일 한 끼 금식하며 영적 확신을 구했다. 또 일주일 금식하며 신학교 뒷산에서 그녀를 달라고 부르짖었다. 그러나 즉각적인 기도 응답은 없었다. 하나님은 그녀를 주시지 않고 평안을 주셨다. 찐따는 이전의 좌절감이나 염려를 전혀 느끼지 않았다. 그저 하나님만 보였다.

천국의 품에 안긴 것같이 고요한 마음 상태가 주어졌다. 세상 모든 여자가 다 하나님의 손 위에 있었고, 하나님은 그 기도자 안에 가득하셨다. 기도하는 동안 그는 그녀에게 이전과 전혀 다른 접근을 했다. 직접 접근하지 않고, 늘 기도의 자리에서 하나님을 먼저 통과했다. 모든 일이 천천히 진행되었다. 그리고 4년이 흘렀다. 이제 찐따는 또 다른 존재가 되었다. 한 여자를 지키는 남자.

남편.

짐작했겠지만, 내 이야기다.

지키는 힘에 이르는 4단계

듣고 보니 모두의 이야기다.

"어제의 방황이 오늘의 기도 동력이 되도록 하나님이 은혜를 주셨다. 이후 천국 평안으로 마음이 바뀌었고 결국 아름

답게 마무리되었다."

기도꾼이 되어가는 성장 스토리의 전형이다. 이 논픽션에는 기승전결이 있다. 찐따의 실패와 방황-골방기도-하늘의 평안-성장과 아름다운 마무리. 이것은 기도에 대한 성경적 클리셰(cliché)다.

아무것도 염려하지 말고 다만 모든 일에 기도와 간구로, 너희 구할 것을 감사함으로 하나님께 아뢰라 그리하면 모든 지각에 뛰어난 하나님의 평강이 그리스도 예수 안에서 너희 마음과 생각을 지키시리라 빌 4:6,7

기-필요 구하기

내일 금메달을 따려면 오늘 땀 흘려야 한다. 어떤 꿈이든 현실적 과정을 촘촘히 거치지 않으면 몽상에 그친다. 기도도 그렇다. 하늘의 능력을 가져다주는 것이라 대단해 보이지만 작은 출발점에서 그 과정을 시작한다. "아무것도 염려하지 말고…"라는 부분을 보라. 염려가 되는 일이 기도의 첫 단추다. 게다가 특별한 내용도 아니다. "모든 일"이며 "구할 것"을 기도한다.

이 모습을 가장 잘 보여주는 성경 인물 중의 하나가 바로 '한나'다. 사사 시대를 끝내고 왕들의 시대를 열었던 사무엘의 어머니 한나. 그녀는 위대한 기도꾼이었다(삼상 2:1-10). 한 시대를 마무리하고, 메시아의 도래를 꿈꾸며 다른 시대로 사람들을 이끄는 비전을 가진 인물이었다(Laura Savage-Rains, 《God Chose a Woman First: Discover the Keys to Resilient Confidence through the Voices of Biblical Women》).

하지만 시작은 너무 초라했다. 고작 염려였다(삼상 1:6,7). 그녀는 처음부터 시대를 바꾸는 위대한 기도를 한 것이 아니었다. 그저 남편의 첩이 괴롭히니 화나고 힘들어서 기도했다. 오갈 데 없고 괴로워서 통곡했을 뿐이다(삼상 1:10).

한나가 원통해했던 상황은 그 기도보다 더욱 초라했다. 이야기의 시작을 보라. 남편 엘가나는 레위 지파의 자손이다 (삼상 1:1). 한마디로 제사장 집안이다. 그런데 첩이 웬 말인가? 상상도 할 수 없는 일들이 벌어지고 있었다.

만약 한나가 위대한 기도자였다면 가정의 죄와 국가의 죄에 대해 거창한 회개의 기도를 했어야 어울렸을 것이다. 하지만 그녀의 기도 어디에도 위대함은 없다. 그냥 분해서 기도했다. 자기도 아들 하나 있어야 첩을 이길 것 같은 염려에서 시작했다.

초라한 기도로 시작했던 인물은 한나뿐이 아니었다. 다윗은 또 어땠는가? 그는 하나님 마음에 맞는 사람이라 불리웠던 영적 리더였다(행 13:22). 하지만 그의 시편 기도문들을 읽다 보면 앞뒤가 맞지 않는다. 거창하고 위대한 기도들이 아니다. 고작해야 보복해달라는 기도가 줄지어 등장한다. 기독교 작가 더그 슈미트도 다윗의 초라한 기도에 주목한다.

> 놀랍게도, 시편의 25퍼센트 이상이 자신의 억울함을 말하며 정의(正義)를 호소하는 내용을 담고 있다. '복수기도들'에서 다윗은 자기가 얼마나 분노하고 있는지, 자기를 분노하게 만든 자들이 응분의 처벌을 받기를 얼마나 간절히 원하는지를 노골적으로 드러낸다.
> _더그 슈미트, 《복수기도》

위대한 기도자들이 위대한 이유는 작은 기도로 시작해서였다. 자신이 염려하는 필요에 대한 기도로 출발했기 때문이었다. 빌립보서 말씀대로다.

그들은 더 거룩한 기도를 하기 위해 세속적인 현실을 외면하지 않았다. 자신이 처한 상황에서 당장 필요한 것을 가지고 기도했다. 그것은 때로 복잡한 가정사로 원통해서 취한 듯 몸부림치는 기도였고(삼상 1:13), 또 다른 곳에서는 원수의 팔을 분질러 달라는 격한 호소였다(시 10:15).

거창한 기도꾼은 늘 초라하게 시작한다. 그곳은 문제 상황이다. 염려가 되는 일이 기도 출발점이다.

두 번째 단계는 "감사함으로"다. 염려에 대한 기도는 감사로 이어진다. 그리고 이 둘 사이의 연결고리는 믿음이다.

염려를 가지고 기도했던 한나를 다시 떠올려보자. 그녀의 기도는 길었다. 마음의 원통함이 깊었던 만큼이나 기도도 깊었다. '응답해주시면 좋고 안 해주시면 그만'인 수준이 아니었다. 하나님께서 반드시 응답해주실 것을 기대하는 그런 기도였다.

그녀의 기도는 처음에는 시끄러웠다. 괴로운 마음으로 통곡했다(삼상 1:10). 이 기도는 오랫동안 지속되었다(삼상 1:12). 그러는 동안 입술만 달싹이는 무언의 기도가 되었다(삼상 1:13). 이때 제사장으로부터 술 취했다는 오해를 샀지만 그래도 멈추지 않을 정도로 그녀는 끈질기게 기도했다(삼상 1:14-16).

이것은 정해진 시간이 지나면 털고 일어나는 식의 종교적 기도가 아니었다. 그녀는 문제가 해결될 때까지 기도를 멈출 수 없었다. 거기에 그녀의 믿음이 있었다. 한나 기도 이야기의 뒷부분으로 갈수록 엿보이는 그녀의 믿음.

고통은 기도를 부른다. 믿음이 없더라도 기도를 시작할 수 있었던 것은 염려 때문이다. 하지만 계속 기도하려면 믿음이 필요하다. 한나의 "오랜 기도"(삼상 1:12)는 그녀에게 믿음을 주었다. 기도를 지속할수록 하나님이 자신의 문제를 해결해주셔야 한다는 믿음이 자랐다. 분명 엘리 제사장은 한나의 마음을 몰라줬다. "네가 언제까지 취하여 있겠느냐 포도주를 끊으라"(삼상 1:14).

이런 억울할 법한 이야기를 듣고도 한나는 기도를 지속했다. 처음에는 염려가 있었는데 하나님께 오래 집중했더니 이제는 관성이 생겼다. 누가 뭐라고 해도 계속 하나님께 나가는 힘, '믿음'이 주어졌다.

사람은 듣고 싶은 것을 듣는다. 그러나 믿음의 사람은 믿음의 내용에 반응한다. 한나를 보면 엘리의 말에 이중적으로 반응한다(삼상 1:15,18). 엘리가 오해했을 때는 듣지 않았다. 그러나 기도 응답을 축복할 때는 들었다. 믿음이 생기면 저주는 귓등으로 듣고 축복은 귓속으로 듣게 된다.

축복에 반응하여 한나가 말했다. "당신의 여종이 당신께 은혜 입기를 원하나이다." 그녀는 가서 먹고 얼굴에 다시는 근심 빛이 없었다(삼상 1:18). 그리고 남편과 함께 하나님께 예배를 드렸다(삼상 1:19).

제사장의 인격 문제 때문에 듣고 말고를 결정하지 않았다. 믿음으로 들을 것만 골라 들었다.

이것은 기도의 다음 단계로 가는 문을 열었다. 평안과 예배의 문이 열렸다. 평안은 예배의 동력이다. 한나의 예배는 하나님이 하실 일에 대한 감사를 포함했다.

하나님은 시간의 창조자시다. 그분이 행'하신' 일은 행'하실' 일과 다르지 않다. 어제 나를 축복하신 하나님은 내일도 축복하실 하나님이시다. 하나님의 크기가 시간을 압도한다. 한나는 태어난 아들을 눈으로 보고 믿은 것이 아니었다. 그녀는 기도 후 아직 일어나지 않은 일을 믿고 받아들였다. 그리고 감사(예배)했다.

흥미롭게도 기도의 지속성을 이야기하는 성경의 다른 부분들도 감사를 함께 말하고 있다(골 4:2, 살전 5:17,18). 기도와 감사는 믿음을 사이에 두고 서로 연결되어 있다. 자신의 문제에 대해 기도를 지속하다 보면 하나님께서 응답하실 것이 기대된다. 없던 믿음도 기도의 행위를 지속하다 보면 자라난다. 그러면 아직 이루어지지 않은 일에 대해서조차 믿음이 생겨 감사로 이어진다.

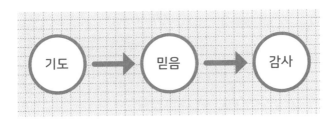

기도 시작은 쉽다. 누구나 염려가 있어서다. 사실 염려가 있다는 것은 믿음이 없다는 뜻이다. 이 믿음은 기도를 지속할 때 생기고 감사와 예배의 문을 여는 열쇠가 된다.

전-관계에 집중하기

빌립보서 말씀의 그다음 부분은 "하나님께 아뢰라"이다. 우리는 여기서 세 번째 순서를 만난다. 그것은 하나님과의 관계에 집중하는 단계이다.

내 이야기를 또 하나 해야겠다. 초등학교 1학년 때였다. 그때 내 집에는 샤워 시설이 없어서 한 달에 한두 번 정도 목욕탕에 가서 씻었다. 아버지가 해외로 일하러 가시고 안 계셔서 어머니와 함께 여탕에 갔다(나는 남자다). 그리고 욕탕에 들어갔는데 옆을 보니 담임 선생님이 있었다. 그러지 말았어야 했는데, 인사성 밝았던 나는 벌떡 일어서서 밝고 크게 인사했다. "선생님! 안녕하세요!"

그러자 선생님은 인사를 받아주는 대신 엄마를 쳐다봤다. 둘은 동시에 놀랐다. 그리고 누가 먼저랄 것 없이 수건 뒤에 몸을 급히 숨겼다. 그리고 멋쩍게 인사를 나누었다.

선생님은 바로 목욕을 마치고 나가셨고, 엄마는 내가 벌거벗고 인사한 것을 나무라셨다. 나중에 알게 된 사실도 있었다. 이후 선생님은 두 번 다시 그 목욕탕에 가지 않으셨다.

물론 이유는 뻔했다. 자신의 학급 남학생과 그 엄마를 여탕에서 만날까 봐서였다.

여기서 질문. 거기서 셋은 어떻게 서로 만났을까? 우리가 만났던 이유를 하나 꼽으라면 같은 시간, 같은 장소에 있어서였다. 같은 시간, 같은 장소에 있으면 서로 만나게 된다. 그런데 성령님과도 그렇다. 당신이 염려를 가지고 당신 자신을 위해 기도하는 그 장소가 바로 만남의 광장이다. 같은 물, 같은 탕이다.

누구보다 성령님께서 당신의 기도를 도우시며 이미 기도하고 계신다(롬 8:27). 그러니 당신도 자신을 위해 기도하면 성령님과 같은 일을 하는 것이다. 거기 성령님이 함께 계신다.

시작은 '염려'였는데 기도하다 보니 믿음도 생기고 감사와 예배로 하나님께 더욱 집중하게 된다. 그리고 기도자리에서 하나님을 만난다.

분명 염려가 되는 것에 집중해서 기도를 시작했다. 그러나 지속하다 보면 문제를 해결해주실 하나님께 더 집중하게 되는, 믿음 교차로에 도착한다. 이때 '기도 자체'에서 빠져나온다. 이때는 '하나님께 아뢰고 있다'는 것을 자각하는 시간이며, 기도 내용보다 기도를 들으시는 분에게 더 관심을 쏟는 단계이다.

믿음 교차로에서부터 능력이 시작된다. 빛의 속성과 비슷하다. 어둠에서 빠져나오는 최선의 방법은 빛이다. 빛에 가까이 가면 어둠이 사라진다. 뿐만 아니라 그 빛을 반사하기까지 한다. 능력이 빛 같다. 어둠에만 머물면 그것을 해결할 능력은 없다. 염려가 되는 문제를 위해 기도할 때 거기서 빠져나올 수 있다.

일단 어둠에서 기도로 탈출하게 되면, 자신이 '하나님께' 가고 있다는 것을 발견한다. 이때부터 능력을 자각하게 된다.

한마디로, 기도의 세 번째 단계는 '나는 문제가 있다'에서 '나는 문제를 들고 하나님께 왔다'로 관점이 바뀌는 과정이다. 이렇게 관점이 바뀐 후부터는 '염려기도'가 아니라 '관계기도'가 시작된다. 기도 제목보다는 기도를 들으시는 하나님과의 만남 자체에 더 집중하는 기도가 된다.

일반적으로도 그렇다. 만나야 관계가 생긴다. 한번 이렇게 생각해보자. 혹시 꼭 만나고 싶은 사람이 있는가? 그렇다면 그가 언제, 어디서, 무엇을 하고 있는지 먼저 알아보려고 할 것이다. 제때에 그곳으로 가기만 하면 만날 수 있을 것이기 때문이다. 만남 약속을 정할 때도 그렇다. 시간과 장소를 결정하는 것이 수순이다.

그런데 만약 하나님을 만나고 싶다면 어떻게 해야 할까? 궁금하지 않은가? 성령님이 계신 시간과 장소는?

관계기도에 집중하는 사람에게 염려 해결을 위한 기도 제목들은 상대적으로 덜 중요해진다. 하나님이 어디서 무엇을 하고 계시는지 발견하는 기도를 더 중요하게 생각한다.

성경을 읽다 보면, 그 시간과 장소가 쓰여있다. 성령님이 언제 어디서 무엇을 하고 계신지가 로마서에 나온다.

마음을 살피시는 이가 성령의 생각을 아시나니 이는 성령이 하나님의 뜻대로 성도를 위하여 간구하심이니라 롬 8:27

간단하다. 이 말씀대로라면, 그분은 지금 성도를 위해 기도하고 계신다. 성도를 위한 기도의 자리가 성령님이 계신 곳이다.

가만, 당신도 '성도'이지 않은가? 이 조건에만 맞아떨어진다면 성령님을 만나는 방법은 어렵거나 복잡하지 않다. 산넘고 물 건너 성지를 찾아갈 필요도 없다. 성물과 성수를 구입해 복잡한 절차를 밟아 제사를 드리라는 요구도 없다. 간단하다. 자신을 위한 기도를 드리면 된다. 성도를 위해 간구하시는 성령님이시다. 성도를 위해 기도하기, 거기로 가기만 하면 된다. 너무 쉽다.

대부분은 이타적이기보다 이기적이기가 더 쉽지 않은가! 그래서 성령님 만나기도 쉽다. 남을 위한 기도도 아니다. 자신을 위한 기도다. 쉽다. 자신을 위한 기도의 자리가 하나님과 만나는 장소다. 능력이 반사되는 만남이다.

결-평안을 응답받기

기도하다 보면 기도를 받으시는 분이 기도 제목보다 더 크게 보이는 순간이 온다. 그러면 고요가 찾아온다. 신비한 평안도 온다. 이것이 최종 단계이다. 빌립보서 말씀을 따르 자면, "모든 지각에 뛰어난 하나님의 평강이 그리스도 예수 안에서 너희 마음과 생각을 지키시리라"이다.

내겐 정말 친한 친구가 있다. 그 녀석과 함께 있으면 정말 편하다. 200일쯤 목욕을 안 하고도 만날 수 있을 것만 같은 친구다. 우리가 함께 있으면 서로 말이 거의 없다. 그러면 주 변 사람들은 우리가 싸운 줄 안다. 아니다. 실상은 반대다. 너무 친하니까 서로 편하고 할 말도 별로 없다. 그냥 함께 있 을 뿐이다.

반면 안 친한 사람과 함께 있으면 불편하다. 그래서 신경 쓸 것도 많아진다. 상대가 나를 어떻게 볼지 신경 쓰여서 머 리도 감고 옷도 갖춰 입는다. 속마음을 모르니 이것저것 말 을 걸어 무슨 생각을 하고 있는지 서로 확인도 해본다.

지키는 기도의 세 번째 단계를 통과하면서 우리는 하나 님과 친해진다(물론 하나님은 이미 당신과 충분히 친하시다. 롬

5:8, 요일 4:19. 문제는 기도가 없었던 죄인이 자각하는 '친밀도'가 기도를 통과하며 변하는 것이다). 기도하면 할수록 염려거리가 아니라 기도를 들으시는 하나님이 커 보인다. 그러다 어느 순간 하나님에게 압도당한다. 기도의 자리에서 일어나는 일이다.

기도를 지속할 때, 문제의 크기보다 하나님이 더 크게 보이는 순간이 온다. 문제뿐만이 아니라 기도보다도 기도자보다도 그리고 세계보다도 하나님이 더 크시다는 것을 인지하는 순간이다. 그때는 아무것도 필요 없어진다. 하나님과 가까이했더니 어느 순간 자신의 지각과 판단이 그분 앞에 무한히 작아진다. 그러면 고요하다.

이때의 기도는 더 이상 달라는 기도가 아니다. 하나님과 기도자는 더 이상 주고받을 것이 있는 서먹한 관계가 아니다. 한나도 처음에는 기도 응답만 해주시면 자신도 그 아들을 바치겠다고 맹세했다(삼상 1:11). 그러나 기도의 마지막 단계에 이르렀을 때는 그저 평안했다(삼상 1:18-2:10).

친한 친구 사이에는 서로 뭘 달라고 부탁하기 위해 만나지 않는다. 목적이 있어서가 아니라 그냥 만난다. 만나서 그냥 함께 있다. 이것은 기도의 마지막 단계이다. 하나님과 단지 공존하며 자신에 대해 고요한 단계.

상식적으로 생각해봐도, '평안'은 고사하고 인간적 '평정심'

만 있어도 문제 해결에 큰 도움이 된다. 왜 속담에도 있지 않은가? "호랑이 굴에 끌려가도 정신만 똑바로 차리면 산다"는.

위기의 순간이 위험한 이유는 판단력이 흐려지기 때문이다. 염려에 마비되면 지각이 떨어진다. 불안해진다. 그래서 소방관이나 인명 구조원은 위험한 순간들을 반복 재현하며 연습한다. 어떤 상황에서도 정신을 똑바로 차리기 위해서다.

그렇게 보면, 평정심도 능력이다. 지각이 깨어있을 뿐만 아니라 상황을 뛰어넘는 판단력을 가질 수 있다면 대부분의 위험은 통과할 수 있다.

평정심조차 능력이라면, 기도로 얻는 천국 평안은 오죽하겠는가? 진정한 능력자이신 하나님과 동행하면 모든 소란이 고요해진다. 빌립보서에서는 염려에서 평안까지를 연결해 보였다. 예수님도 염려와 평안 사이를 이렇게 말씀하신다.

평안을 너희에게 끼치노니 곧 나의 평안을 너희에게 주노라
내가 너희에게 주는 것은 세상이 주는 것과 같지 아니하니라
너희는 마음에 근심하지도 말고 두려워하지도 말라 요 14:27

'염려 금지'는 그리스도의 명령이다. 염려는 불신과 무능력의 또 다른 이름일 뿐이다. 근심 걱정이 있다는 것은 우리가 그리스도의 이름으로 기도하지 않았다는 뜻이다.

그리스도께서 죄의 권세와 죽음을 이기는 능력을 가지고 우리에게 오셨다. 그리고 믿는 자들에게 자신의 능력을 주신다. 이미 믿음으로 '성도'가 된 당신에게도 그렇다. 주님은 이 시간도 '평안'을 명령하고 계신다.

처음에는 염려 때문에 기도를 시작해서 반복했다. 그러는 사이 믿음이 생겨 하나님께 감사하게 되고, 곧 기도 제목보다 크신 하나님을 발견해서 그분과 함께 있는 것 자체에 집중하게 된다.

여기에 기도의 파워가 있다. 진짜 힘은 진짜 능력자와 동행할 때 얻는다. 에덴에서부터 오늘날까지 동일한 원리다. 창조주와의 동행이 능력이다. 빌립보서 본문의 마지막 부분을 보라. "…지키시리라"(빌 4:7). 결국 지키는 힘을 얻는다.

관성

누군가를 지키려면 힘이 필요하다.

빌립보서 말씀에 의하면 그 힘은 기도의 4단계를 거친다. 그리고 각 단계에서 세 가지 믿음의 모습이 함께 작용한다.

각 단계를 건너뛰도록 믿음이 힘을 실어준다. 모두 세 가지 믿음의 모습이 각각 작용한다. 이들을 살펴보기 전에 먼저 알아야 할 것이 하나 있다. '관성'이다. 어떤 물체가 움직이는 힘이 외부의 간섭을 받지 않는 한 지속되는 현상을 말한다. 관성에는 또 다른 면도 있다. 정지 물체를 움직이는 최초의 힘은 그것을 지속시키는 데도 작용한다. 로켓을 예로 들자면, 발사할 때 들었던 에너지는 고도가 높아질수록 점차 줄어든다.

그래서 일정 고도에 이를 때마다 다른 양의 에너지가 필요하다. 그러나 다르다고 해서 각 단계의 에너지가 관성을 해치지는 않는다. 궤도에 진입하기까지 각 단계에서의 힘이 함께 하나의 관성을 이루며, 이후에도 계속 영향력을 끼친다.

지키는 기도의 힘에 이르는 4단계에서도 각각 믿음 관성이 작용한다. 최초의 믿음이 '염려'기도를 '감사'기도의 궤도에 올려 지속시킨다. 그러면 또 다음 단계에서 또 다른 믿음의 힘이 추가되어 '관계'기도로 나아가고, 다음에는 또 다른 믿음으로 추진력을 얻어 '평안'으로 나아간다.

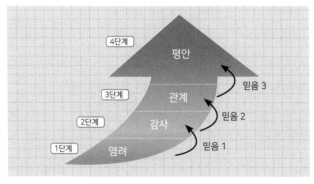

기도를 통해 지키는 힘에 이르는 4단계

그렇다면, 각 단계에서 어떤 믿음의 추진력이 기도를 다음 단계로 밀어 올리는가?

기도 믿음의 추진력 세 가지

첫째, 하나님께서 염려에서 벗어나도록 하실 것에 대한 믿음이다.

"아무것도 염려하지 말고… 모든 일에" 기도하라셨다(빌 4:6). 염려가 기도 출발 사인이다. 그러나 시작만으로는 아무 일도 일어나지 않는다. 지속해야 다음 단계로 갈 수 있다. 이때 믿음의 힘이 필요하다.

한나의 경우 처음 기도를 지속하는 힘은 고통에서 왔다. 그녀가 계속 기도했던 것을 기억하는가? 그녀가 오래 기도했던 이유는 "마음이 괴로워서"였고, 방법은 "통곡하며"였다(삼상 1:10).

이렇게 보면 고통도 선용된다. 그러고 보면, 기도 안 하는 것은 '기도 안 해도 괜찮다'는 생각에서 나온다. 기도 동기가 없으면 기도 안 한다. 많은 경우, 문제 상황이 되어서야 기도한다. 기도한다는 것이 기도할 문제 상황보다 귀하다는 측면에서 보자면 잘된 일이다. 기도의 필요성을 도저히 느낄 수 없는 평화의 상태가 영성 킬러다.

일단 기도를 시작했으므로 결핍은 잘된 일이다. 믿음 때문이라기보다는 괴로움 때문에라도 기도를 시작했으니 잘했다. 한나는 이전에도 아들이 없어서 괴로웠지만 그렇다고 기도할 정도로 힘든 것은 아니었다(삼상 1:5-8). 그러나 남편도 전혀 도움이 안 될 정도의 외로움을 경험한 직후, 그녀는 고통에 짓눌려 드디어 기도하러 나갔다(삼상 1:8,9).

말에게 물을 먹이는 가장 좋은 방법은 말을 물가로 데려다 놓는 거다. 한나가 기도자리로 나간 건 비록 고통 때문이었지만, 일단 성전 기도자리로 나간 후에는 이야기가 달라졌다. 그녀는 이렇게 기도했다.

서원하여 이르되 만군의 여호와여 만일 주의 여종의 고통을 돌보시고 나를 기억하사 주의 여종을 잊지 아니하시고 주의 여종에게 아들을 주시면 내가 그의 평생에 그를 여호와께 드리고 삭도를 그의 머리에 대지 아니하겠나이다 삼상 1:11

기도 내용이 매우 구체적이지 않은가! 물 만난 고기 같다. 이 구절을 살펴보라. 온통 하나님과 자신 사이의 관계를 규정하는 기도다. 하나님의 이름을 불렀고, 자신을 "주의 여종"이라고 명명했으며, 기억해달라고 덧붙였다.

그녀는 오랜 시간 꾹꾹 눌려 담긴 고통의 무게를 쏟아내며 오래 기도했다. 그 과정에서 염려 자체도, 그 원인 제공을 했던 남편도 아닌 하나님께 계속 나갔다.

크게 소리 내어 울어본 일이 있는 사람이라면 한나의 심정을 짐작해볼 수 있을 것이다. 통곡하는 기도로 미루어 그녀가 당했던 괴로움의 크기가 엿보인다. 그 고통이 지속되는 한 그녀는 기도를 계속했다. 덕분에 관점 변화가 생겼다. 기도를 하고 있는 대상에 대한 관심이다. 하나님과 자신 사이의 관계에 대한 관찰이다. 여기서 첫 번째 믿음력(力)이 타올랐다. '지금의 고통을 역전시켜 주실 이는 하나님이시다!'

둘째, 합심해서 선을 이루실 것을 믿는다.

첫술에는 배부르지 않다. 다만 두 번째 순갈로 안내할 뿐이다. 한 걸음을 내디뎠다고 천 리 길을 완수할 수도 없다. 그러나 두 번째 걸음을 걷기는 한결 더 쉬워진다.

처음부터 기도 고수가 되는 큰 믿음이 갑자기 생기지 않는다. 믿음도 근육 같은 면이 있다. 처음에는 볼품이 없다. 그러나 훈련을 반복하면서 튼튼해지고 커진다.

믿음 추진력 첫 번째 단계에서는 염려를 토해내는 대상이 하나님이 되는 것이 가장 중요하다. 기도 시작은 믿음의 힘이 딱히 필요 없다. 염려 상황으로도 가능하다. 다만 그 고통의 무게 때문에 기도를 지속하는 동안 첫 번째 믿음이 탄생한다. 하나님을 기도를 들으시는 분으로 믿는 것이다. 이 믿음의 추진력으로 기도는 '감사' 궤도에 진입한다.

첫 번째 믿음력은 염려에 머무르려는 기도자의 고집을 꺾는다. 근심 걱정으로 몸부림치던 한나도 오랜 기도 끝에 잠잠해져서 예배를 드린 것을 보라(삼상 1:13, 14, 19). 이것은 오랜 기도로 가능한 일이었다. 아들을 달라는 기도가 지속되는 동안 그녀는 하나님을 발견했다.

소위 문제보다 크신 하나님을 발견했다. 그러자 응답이 주어지기 전에 응답을 주실 하나님께 감사의 예배를 드릴 수 있었다. 문제가 기도 동기가 되니 믿음과 감사를 낳았다. 모든 것이 합력해서 선을 이루었다. 로마서 말씀대로였다.

우리가 알거니와 하나님을 사랑하는 자 곧 그의 뜻대로 부르심을 입은 자들에게는 모든 것이 합력하여 선을 이루느니라

롬 8:28

하나님은 기도보다 크시다. 그분은 램프의 지니가 아니시다. 만약 기도를 개인 소원 이루는 도구쯤으로 전락시킨다면 우상숭배와 다름없다. 지니는 램프를 비비는 사람의 종이지만, 하나님은 기도자의 주인이시다.

여기서 기도자는 응답에 대한 주관적 고집을 버리게 된다.

소원보다도 더 중요한 것을 발견했기 때문이다. 한나의 기도 예로 보자면 아직 아들을 달라는 기도대로 이뤄진 것이 아무 것도 없을 때 그녀는 예배를 드렸다(삼상 1:19). 이것은 합력 해서 선이 이뤄질 것에 대한 믿음이다. 하나님께서 축복하신 다면 그 결과가 어떻게 되든 최선이 될 것이라는 믿음이다.

셋째, 하나님께서 자신의 행동에 기름부어주실 것이라는 믿음이다.

한번은 친구가 내게 농담을 들려주었다. 어떤 크리스천이 복권에 당첨되게 해달라고 평생 기도했다. 그러나 아무 일 도 일어나지 않았다. 그리고 죽었다. 천국 문 앞에 도착하자 마자 그는 하나님께 따졌다. "왜 기도 응답을 안 해주셨죠?" 하나님이 대답하셨다. "복권을 샀어야지!"

너무 구닥다리 개그라 웃기지는 않았다. 그 대신 나는 가 슴이 철렁했다. 복권을 살까 싶어서가 아니었다. '나는 기도 하고 있는 일에 믿음으로 도전하고 있는가?'라는 생각 때문 이었다.

그러고 보니 야고보서에서도 기도와 믿음의 행위를 연결 하고 있다.

오직 믿음으로 구하고 조금도 의심하지 말라 의심하는 자는 마치 바람에 밀려 요동하는 바다 물결 같으니 이런 사람은 무엇이든지 주께 얻기를 생각하지 말라 약 1:6,7

내가 구한 것 이상으로 역사하실 하나님이 틀림없으시다. 하지만 그것이 기도 응답에 대한 불신을 뜻하지는 않는다. 기도 응답의 세 가지 형태에 대해 들어본 적이 있을 것이다. (1) Yes, (2) No, (3) 침묵.

"이들 중 어떤 것이든 응답은 응답이다. 이들 중 어느 것이든 하나님의 최선일 것이다."

기도 응답에 대한 이러한 믿음은 행위로 연결된다. 기도하기 전에는 자신의 작은 실천이 문제 해결에 별로 도움이 안 될 거라고 생각했다. 그러나 최선으로 응답하실 하나님을 믿게 되면 실행의 크고 작음이 문제가 안 된다. 이때는 작은 실행이라도 하나님께 드리고자 하는 태도가 생긴다. 그것이 세 번째 믿음력이다.

다시 한나의 기도 예로 돌아가 보자. 그녀는 하나님께서 최선을 만들어주실 것을 믿고 얼굴에 다시는 근심 빛이 없었다(삼상 1:18). 평안했다. 그리고 집으로 돌아가 곧바로 남편과 "동침"했다(삼상 1:19). 기도한 것의 '실행'이었다.

하나님께서 큰일을 하실 것을 믿는 사람들의 공통점은 작은 일에 충성하는 것이다(눅 19:17). 재정 전문가 김미진 간사는 책《왕의 재정》에서 '자신의 1'을 하라고 요구한다. 그 말을 인용하자면 한나는 기도 후 '자신의 1'을 했다. 아들을 달라고 기도했고, 하나님의 응답을 믿었으니 자신이 할 수 있는 작은 일을 한 것이었다.

남편과의 동침이 그녀에게는 '작은 일'이었다. 기도하기 전에는 이것이 전혀 도움이 되지 않던 행위였기 때문이다(설마 남편과의 하룻밤도 없이 아들 없다고 그리 통곡했겠는가). 하지만 그녀가 믿음으로 할 수 있는 '최선'이라서 실행했다. 그녀의 '믿음'은 동침 '실행'으로 증명되었다(약 2:20).

믿음으로 행하는 작은 일은 성경이 보여주는 사랑의 은유(metaphor)다. 하나님과 동행하는 삶은 언제나 전부를 요구한다(신 6:5). 약간의 사랑이 아닌 마음을 다하는 사랑, 약간의 거룩이 아닌 뜻을 다하는 거룩의 삶, 약간의 헌신이 아닌 힘을 다하는 헌신. 이런 식으로 사랑은 일부를 바라지 않고 100퍼센트를 원한다.

그 '전부'란 비교 대상을 갖지 않는다. 절대적 기준이 적용된다. 비록 약간의 사랑, 약간의 순종, 약간의 헌신이 어떤 사람들 앞에서는 칭찬을 받을 수 있을지 모른다. 하지만 질투하시는 하나님 앞에서는 정죄를 당할 것이다(신 4:24, 막

12:30).

여기서 말하는 '전부'란 객관적 수량으로 결정할 수 있는 것이 아니다. 그것은 마음의 태도가 결정하는 주관적이며 상대적인 '전부'다.

예로, 예수님께 칭찬받았던 과부의 두 렙돈을 보라. 그것은 많고 적음의 문제가 아니었다. 그녀가 하나님을 전부로 대했던 '그녀의 1'이었다(눅 21:2,3).

중심을 보시는 하나님은 우리 행동의 모든 동기를 정확히 알고 계신다. 그분은 우리의 부분적 헌신과 부분적 사랑에 속지 않으신다. 마음을 다하는 하나님 사랑은 믿음 액션으로 드리는, 작지만 기도자가 가진 최선의 행위로 나타난다. 오염되지 않은 순수한 사랑, 믿음으로 행하는 나의 1.

내게 주신 은혜로 말미암아 너희 각 사람에게 말하노니 마땅히 생각할 그 이상의 생각을 품지 말고 오직 하나님께서 각 사람에게 나누어 주신 믿음의 분량대로 지혜롭게 생각하라

롬 12:3

아이와 같던 예레미야에게서 '열방의 선지자'라는 가능성을 보셨던 하나님 앞으로 가라.

시몬에게서 베드로의 가능성을 보셨던

예수 그리스도에게로 가라.

그래야 너는 틀리고 그분은 맞다는 사실을,

또 그분의 눈이 얼마나 정확했는지를 알게 된다.

애매히 움츠러있지 말고 하나님 앞으로 가라.

상처 많은 피해자라 주장하며 여기저기 찔러대는

피해자 코스프레 벗고

상처투성이 예수님께 가서

십자가 보혈을 누려라.

방황을 그만두고

이제는 기도하라.

8

**소년은 어떻게
거인을 죽였는가?**

손에 막대기를 가지고 시내에서 매끄러운 돌 다섯을 골라서 자기 목자의 제
구 곧 주머니에 넣고 손에 물매를 가지고 블레셋 사람에게로 나아가니라
삼상 17:40

삭발맨의 선택

기도가 있기 전, 나는 이상한 사람이었다.

삭발을 하고 다녔고 사소한 일에 목숨을 걸었다. 지금 생
각해보면 운전이 가장 위험했다. 배달 일로 배운 운전이었
다. 졸음은 기본, 과속은 일상이었다.

또한 건강도 거의 돌보지 않았다. 굶고 일하다가 틈틈이
폭식하기 일쑤였다. 잘 쉬지도 않았다. 한 주에 한두 번은 일
로 밤샘도 했다. 때론 컴퓨터 게임을 하느라 샜다.

하지만 모든 것이 결혼을 계기로 바뀌었다. 위험한 일을
멀리했다. 방어운전을 시작했다. 식습관과 생활 패턴도 바꿨
다. 좋은 음식으로 하루 세끼를 제때 챙겨 먹었다. 밤에 자
고 아침에 일어났다. 건강에 신경을 썼고 매사에 안전을 기

했다. 말년병장 같았다. 사건과 사고를 피해 다녔다. 머리카락도 기르고 더이상 욕설도 내뱉지 않았다.

이유는 '잃을 것'이 생겨서였다. 아니, '잃어서는 안 될 것'이 생겼기 때문이었다.

아내.

지키는 일

지켜야 할 사람이 생기자 나는 지키는 사람이 됐다.

그러고 보니 내 인생이 더욱 소중해졌다. 내 한 몸도 못 지키면서 아내를 지킬 수는 없었다. 그래서 건강과 안전을 지키기 시작했다.

또한 아내를 지켜주려면 믿을 만한 사람이 되어야 했다. 자신의 인생을 남편에게 모두 맡기려는 아내를 위해 더욱 신뢰가 가는 언행과 외모가 필요했다. 그래서 외견도 어른스럽게 바꾸었다.

무엇보다 가장 필요한 것은 힘이었다. 아내를 지키려면 모든 면에서 파워가 필요했다. 한번은 재난영화를 보다가 이런 상상을 해봤다.

'만약 아내가 물에 빠지게 된다면?'

그래서 나는 수영을 연습했다.

'만약 높은 곳에 간신히 매달린 아내를 내가 한 팔로 들어

올려야 된다면?'

그래서 나는 팔굽혀 펴기와 턱걸이를 연습했다.

'만약 아내가 야생동물의 습격을 받는다면?'

그래서 나는 작은 단검을 하나 주문했다.

'만약 아내가 불한당을 만난다면?'

그래서 나는 유도를 배웠다. 다행히 영화에서 보고 상상했던 일들이 실제로는 일어나지 않았다. 대신 극장 바깥 현실 세계에서는 전혀 다른 유의 위험들이 도사리고 있었다. 경제적, 지적, 사회적, 도덕적, 감성적 그리고 영적으로도 남편은 아내를 지켜야 했다.

그러나 초보 남편에게는 능력이 없었다. 통장에는 3만 원쯤 있었고, 교회에서는 막내 전도사였으며 모든 면에서 초라했다. 배워야 했다. 아내를 지키는 힘을 길러야 했다. 이 일에 선생님이 필요했다. 지키는 일에 관한 프로선수, 모델이 필요했다. 성경을 펼쳤다.

지키는 일의 스승, 다윗

'목자'는 지키는 일을 하는 사람이다(요 10:1-15).

성경의 목자 캐릭터부터 뒤졌다. 수백 군데였다. 목자만 가지고도 성경 전체를 설명할 수 있을 정도였다. 이들은 하나님과 그 백성 사이의 관계에 대한 훌륭한 비유였다.

목자가 양을 먹이고 돌보고 이끌듯 하나님이 우리를 지키신다. 그분은 잃어버린 양 떼를 찾아내셔서 두 번 다시 잃어버리지 않으시며, 죽기까지 지키신다(마 18:12-14, 요 10:11). 그분의 사람들도 같은 일을 하는 한 목자다(렘 23:1-40, 겔 34:1-31, 요 21:15-17).

목자의 모습을 가장 잘 보여주는 부분이 시편 23편이다. 푸른 초장, 쉴 만한 물가, 의의 길로 인도하심 등의 이미지는 예수님이 사람들을 이끄시는 모습과 성경 도처에서 일치하기 때문이다(케네스 E. 베일리, 《선한 목자》).

내가 기도하지 않아 기도하지 못하게 되었을 때마다 기도 부싯돌로 사용하고 있는 시편 23편. 가만히 보면, 그 저자의 삶에도 지키는 일이 있었다. 그에게는 하나님의 기름부으심이 두 번 있었다. 한 번은 소년 시절에 양을 칠 때였고 다른 한 번은 왕이 될 때였다(삼상 16:13, 삼하 5:3).

두 번 다 그는 목자였다. 처음에는 가축 양 떼를 이끌었고 나중에는 왕이 되어 영적 양 떼인 이스라엘을 돌봤다. 이 둘을 연결하면 그는 평생 목자였다.

지키는 일을 배우고 싶었던 나는 다윗이 궁금해졌다. 그가 지키는 일을 어떻게 했는지 보고 싶었다. 다윗이 공식적으로 지키는 일을 시작했던 순간부터 살펴보기로 했다.

사무엘상 17장을 펼쳤다.

전문 싸움꾼 거인 VS 빵 셔틀 목동

보호 대상이 위기에 처하지 않았다면?

아마도 지킬 필요가 없을 것이다. 나라를 '지키는' 군대는 예상되는 적에 대한 전력을 준비할 것이고, 타이틀을 '지키는' 챔피언은 잠정적인 도전자에 대비해 훈련할 것이다. 이들이 지키기 위해 준비하는 힘은 적의 공격에 대비하므로 적대적이다. 지키는 일에는 적의(敵意)가 있다.

당시 하나님의 양 무리에게 싸움을 걸어온 싸움꾼이 있었다. 골리앗. 그는 무시무시한 적이었다.

블레셋 사람들의 진영에서 싸움을 돋우는 자가 왔는데 그의 이름은 골리앗이요 가드 사람이라 그의 키는 여섯 규빗 한 뼘이요 머리에는 놋 투구를 썼고 몸에는 비늘 갑옷을 입었으니 그 갑옷의 무게가 놋 오천 세겔이며 그의 다리에는 놋 각반을 쳤고 어깨 사이에는 놋 단창을 메었으니 그 창 자루는 베틀 채 같고 창 날은 철 육백 세겔이며 방패 든 자가 앞서 행하더라 삼상 17:4-7

번쩍번쩍 빛나는 갑옷으로 무장한 거인은 등장만으로도

이스라엘의 전의를 압도했다. 그 거인은 도전했다. 그 앞에 사울과 그 군대는 모두 두려워했다(삼상 17:11). 그는 만만한 상대가 아니었다. 가뜩이나 전의 상실인데 40일이나 아침부터 저녁까지 매일 나와서 싸우자고 했다(삼상 17:16).

　이스라엘의 군대는 적의를 상실했다. 지키는 일도 흐지부지되고 있었다. 그때였다. 적의로 충만한 한 소년이 등장했다. 그는 왕도 아니고 군인도 아니었다. 심지어 목자였다. 나이도 어렸고 고작 도시락 배달 중이었다. 빵 셔틀이었다(삼상 17:17). 그런 소년이 골리앗에게 적의를 품었다.

　다윗이 곁에 서 있는 사람들에게 말하여 이르되 이 블레셋 사람을 죽여 이스라엘의 치욕을 제거하는 사람에게는 어떠한 대우를 하겠느냐 이 할례 받지 않은 블레셋 사람이 누구이기에 살아계시는 하나님의 군대를 모욕하겠느냐 삼상 17:26

　잠깐만! 지금 다윗이 골리앗에게 이렇게 막말을 할 수 있는 '깜'이 되나? 거의 요셉 수준이지 않은가? 꿈 한 번 잘 꿨다고 형들 앞에서 떠벌렸던 소년 요셉. 그는 얼마 후 형들에 의해 비참하게 죽을 뻔하다가 노예로 팔려가지 않았던가.

　26절의 "다윗 곁에 서 있는 사람들"은 빵 셔틀의 대상인 형들을 포함했다. 큰형 엘리압도 나와 같은 생각을 했다.

"큰형 엘리압이 다윗이 사람들에게 하는 말을 들은지라 그가 다윗에게 노를 발하여 이르되 네가 어찌하여 이리로 내려왔느냐 들에 있는 양들을 누구에게 맡겼느냐 나는 네 교만과 네 마음의 완악함을 아노니 네가 전쟁을 구경하러 왔도다"(삼상 17:28).

화낼 만했다. 다윗의 현실을 잘 보여주는 배경 설명이 성경에 너무 자세히 나와있다. 골리앗이 누군지를 보라.

그는 싸움꾼 중의 싸움꾼(삼상 17:4,23)이자, 키는 또 너무 큰 "여섯 규빗 한 뼘"(약 3미터)이며, 갑옷은 하필 멀리서도 번쩍거리며 도드라진 데다 무겁기까지 한 "놋 오천 세겔"(약 60킬로그램, 삼상 17:5)이었다. 잘 보라. 철이 아니라 놋이었다. 굳이 갑옷으로 철을 사용할 필요도 없을 만큼 싸움 잘하는 느낌마저 든다.

그뿐인가. 일단 골리앗에게 꿀리는 사울의 군대조차 다윗보다는 거대해 보인다. 사울이 누구인가? 그는 현직 왕이다. 외모도 출중하고 키도 남들보다 30센티미터는 더 크다(삼상 9:1,2). 달리기는 매우 빠르고 힘도 남다른 데다 암몬을 물리쳤던 승리의 전적이 있고, 무엇보다 인기가 좋았다(삼상 10:24, 11:1-15).

현직 왕이 이전에 암몬 족속을 물리쳤던 바로 그 군대와 함께 무서워 벌벌 떨고 있었다. 그냥 무서워만 한 게 아니라

도망했다(삼상 17:24). 그 정도 수준의 적이었다. 사울과 그 군대조차 두려워했던 거인이었다. 그 앞에서 지금 어린애 하나가 나와서 적의를 공개적으로 외쳐댔다.

다시 말한다. 다윗은 이름 없는 노인 이새네 집 아들, 첫째도 아니고 막내, 성인도 아니고 소년이었다(삼상 17:12-15).

욕먹는 게 당연해 보인다.

소년이 거인을 죽이는 법

그런데 이걸 이긴다.

한국 월드컵 4강 같은 건 비교도 안 된다. 하늘과 땅 차이 같은 전력으로 소년이 거인을 이긴다(삼상 17:36-58).

이야기는 전투 하나의 승리로 끝나지 않는다. 이후 정치적 흐름도 바뀐다. 현직 왕도 소년 앞에서 아무것도 아닌 존재가 되어버린다.

거인을 죽인 소년의 이름이 노래가 될 정도였다. "여인들이 뛰놀며 노래하여 이르되 사울이 죽인 자는 천천이요 다윗은 만만이로다 한지라"(삼상 18:7). 사울과 다윗의 관계가 예측되는 노래다. 이스라엘을 지키는 새로운 인물의 등장이었다. 이 과정에 다윗이 지키는 일을 어떻게 시작했는지에 대한 네 가지 원리가 들어있다.

1. 하나님의 선택(삼상 16:1-3)

2. 성령님의 임재(삼상 16:13)

3. 위기 상황(삼상 17:11-24)

4. 승리를 보여줌(삼상 17:36-40)

나는 이들을 갖다 썼다. 아내를 지키는 일을 수행할 때 아직도 염두에 두고 있는 원리들이다. 교회를 지키고 내 마음을 지킬 때도 그렇다. 바라기는 당신도 이 원리들을 갖다 쓰라. 지키는 일을 해내는 데 적용하라. 이들을 하나씩 살펴보자.

1. 하나님의 선택

거인이 등장하기 전에 하나님의 선택이 먼저 있었다. 하나님이 다윗을 왕으로 세우기로 작정하셨다(삼상 16:1-3). 하나님께서 개입하시면 게임 끝이다. 마치 맨주먹으로 싸우는 사람들 사이로 총을 든 경찰이 하나 등장하는 것과 같다. 총을 겨누게 되면 주먹질은 맥없다. 진정한 능력자가 등장해도 그렇다. 하나님이 선택하셨다면 무슨 말이 더 필요하겠는가! 창조주께서 쓰시는 사람의 등장 앞에 어떤 개인이나 군대가 도전하겠는가!

그러고 보면 크리스천인 당신도 이미 하나님의 선택을 받은 자다. 성경이 증언한다. 예수 안에서 당신은 하나님의 뜻대로 예정을 입은 자다(엡 1:11). 하나님이 당신을 선택하지 않았다면 당신은 예수님을 믿는 사람이 될 수도 없었다(요 6:44). 어디에도 하나님과 상관없이 진행 중인 우연은 없다. 모든 것이 하나님의 뜻대로 운영 중이다(민 23:19, 롬 8:28). 사람의 어떤 계획이라도 결국 하나님의 뜻대로 된다(잠 16:9).

하지만 이것은 '운명론'과는 다르다. '하나님의 주권'이다. 예를 들어 내가 내 자녀에게 휴대폰을 사주기로 권한을 가지고 선택했다고 가정해보자. 그 안에는 자녀의 자발적 사용권에 대한 인정이 있다. 스스로 목적에 맞게 쓰기를 원하며 맡길 것이다. 그것은 전적으로 자녀의 소유물이지만 여전히 내 계획 안에 있다.

그러나 많은 사람이 '하나님의 계획'을 '운명론'과 혼동한다. 모든 것이 이미 정해져 있어서 한 개인의 동기나 의지가 무용하다는 오해를 한다. 하지만 하나님은 당신의 운명을 계획하시는 분이 아니다. 그분은 자신의 선하신 뜻대로 모든 일을 진행하신다.

우리는 그분의 목적 안에 있다. 거기서 마음껏 자유의지를 사용하며 산다. 모든 선택을 스스로 결정한다. 여기에 하나님의 주권을 인정하는 사람과 아닌 사람이 나뉜다. 전자의 결정은 하나님께서 기름부으신다. 또한 결국 그분의 뜻대로 모든 일이 진행되도록 공조하신다.

하나님이 다윗을 선택하셨다. 그러나 여전히 목동에 지나지 않는다. 다윗의 입장에서는 이제 시작일 뿐이다. 왕이 되기에는 까마득하지만 자신을 선택하신 하나님만큼은 코앞에 계시니 첫걸음을 내디딜 수 있다.

2. 성령님의 임재

하나님의 주권적 선택 이후, 다윗에게 성령님이 임하셨다.

사무엘이 기름 뿔병을 가져다가 그의 형제 중에서 그에게 부었더니 이날 이후로 다윗이 여호와의 영에게 크게 감동되니라 사무엘이 떠나서 라마로 가니라 삼상 16:13

하나님의 계획은 운명론적 강압이 아니다. 창조주의 최선을 보이시며 그 뜻에 전혀 못 미치는 죄인들에게조차 인격적으로 함께하신다. 선하신 뜻대로 움직일 수 있는 파워도 주신다. 왕으로 기름부으시고 왕답게 행할 수 있도록 성령님께서 직접 소년 다윗과 동행하셨다.

성령님은 능력이시다. 그분은 처음부터 계셨던 창조주시고(창 1:2), 생명의 원천이시자(시 104:30, 요 3:6,7) 수여자시다(고후 3:6). 그분은 여호수아(민 27:18, 신 34:9)와 사사들

(삿 3:10, 6:34, 11:29, 13:25)과 사울 왕(삼상 11:6) 그리고 소년 다윗(삼상 16:13)에게 능력을 주셨던 분이다. 출애굽의 여정을 승리(사 63:11,12)로 통과하게 하신 능력이시고, 어떤 적들 앞에서도 담대함의 원천이 되었던 능력이시다(학 2:5).

그뿐 아니다. 성령님은 예수님 공생애 사역에서도 능력의 원천이셨고(눅 4:14,18,19, 요 3:34,35), 교회의 발화점이자(행 1:8), 말씀 능력의 원천이셨다(행 6:5, 롬 15:19, 고전 2:4). 교회에 능력을 주시는 분이며, 기도력의 근원이자 정결케 하시는 분이다(행 4:8,31, 6:10, 살전 1:5, 벧전 1:12).

성령님은 정말 모든 것이 되신다. 하나님의 말씀을 기억나게 하시고 나타내신다. 그리스도의 사랑과 구원의 확증이시며, 우리를 그리스도께로 인도하고 가르치고 서로 하나 되게 하신다. 방언 사건도, 교회나 국가 공동체의 흥망성쇠도, 성도가 교제하는 원인도, 유대인과 이방인을 하나 되게 하는 것도, 하나님의 성전을 성전 되게 하는 것도 모두 성령님의 능력으로 되었던 일들이다.

그런 분이 임재하셨다. 게임 끝이다. 이길 수밖에 없다. 가슴이 뛴다. 다윗에게뿐 아니라 당신에게도 마찬가지다. 당신도 이긴다. 성령님의 능력이 임하셨기 때문이다. 회개하고 예수님을 믿으면 성령님이 임하신다. 그런데 당신은 크리스천이지 않은가! 힘으로도 능으로도 안 되는 모든 일이 오직 성령님의 능력으로 가능하다. 그분의 능력을 의지하는 한, 당신도 이길 수밖에 없다.

3. 위기 상황

또 하나의 원리는 위기 상황에 빠지는 것이다. 아이러니하다. 위기 없이 극복도 없다. 기도의 출발점이 '염려'였던 것처럼(빌 4:6), 기회의 시작도 염려가 되는 위기 상황이었다(삼상 17:11-24). 사울이 계속 승승장구하고 이스라엘이 블레셋을 손쉽게 물리쳤다면 다윗이 거창한 승리로 등장할 기회는 없었을 것이다.

당시의 위기는 예측된 것이었다. 블레셋이 거인을 앞세워 침공하기 직전 이미 전조가 있었다. 핵심은 사울 왕의 몰락이었다. 이전에 승리를 가져왔지만 현재는 무서워 도망치는 쫄보일 뿐이었다.

왕년에 하나님의 선택과 성령의 임재가 있었지만 지금은 신앙을 잃고 미쳐 날뛰고 있었다(삼상 16:14-23).

왕을 따르던 백성들은 그의 불신앙도 따랐다. 하나님을 경외하지 않았다. 두려워할 분을 두려워하지 않았더니 두려워하지 않아도 될 대상이 두려워졌다. 하나님과 이스라엘을 모욕하며 매일 덤벼드는 블레셋에게 적의 한번 제대로 내비치지 못한 채 바들거리고만 있었다. 그러니 기회였다. 지금 나가서 싸우면 눈에 크게 띌 것이었다. 승리라도 하게 되면 국가적 관심을 한 몸에 받게 될 것이었다.

'현재의 위기'란 하루아침에 갑자기 탄생하는 것이 아니다. 오랫동안 과거가 같은 방식으로 반복되어 쌓인 결과가 어떤 계기를 만났을 때 툭 터지는 것이다. 여기에 '기회'의 특징이 있다. 오늘의 위기를 만든 과거를 오늘 반복하지만 않아도 이길 수 있다. 패색(敗色) 짙은 이스라엘의 경우, 과거의 불신앙을 반복하지 않는 데 기회가 있었다. 하나님 떠나기를 더 이상 반복하지 않는 것.

물론 이 일은 어려웠다. 아무도 하지 않는 일이기 때문이었다. 동시에 그래서 쉽기도 했다. 여러 사람 설득할 것 없이 혼자만 해내면 되는 일이기 때문이었다.

다윗을 보라. 위기가 쓰나미처럼 들이치고 있는 전장에서 홀로 섰다. 거기서 신앙을 외쳤다.

이 할례 받지 않은 블레셋 사람이 누구이기에 살아계시는 하나님의 군대를 모욕하겠느냐… 나는 만군의 여호와의 이름 곧 네가 모욕하는 이스라엘 군대의 하나님의 이름으로 네게 나아가노라… 또 여호와의 구원하심이 칼과 창에 있지 아니함을 이 무리에게 알게 하리라 전쟁은 여호와께 속한 것인즉 그가 너희를 우리 손에 넘기시리라 삼상 17:26-47

한마디 한마디가 주옥같다. 그는 기회를 잡았다. 오늘의 위기를 만들어냈던 과거를 반복하지 않았다. '불신 이스라엘'은 블레셋의 밥이었지만 이제는 역전되었다. 소년은 블레셋에게 제대로 한 방 먹였다. 동시에 불신으로 일관하던 사울과 이스라엘도 이 소년의 신앙고백 앞에 새로운 도전을 느꼈다. 거기에 지키는 자의 적의가 있었다.

불신으로 죽음을 두려워하는 이스라엘과 그 약점을 제대로 공략해 들어온 블레셋 앞에서도, 죽음의 공포를 초월한 청년 신자의 포효는 새로운 미래가 되었다. 그러고 보니 나는 앞서 다른 책에서도 이 두려움 부분을 다루었던 기억이 난다. 한 구절 인용해야겠다.

사막의 밤과 낮을 경험한 사람이 환절기의 온도 차이쯤을 두려워하겠는가? 하물며 하나님을 경외하는 사람이 삶과 죽음의 간격쯤 무서워하겠는가? 하나님을 두려워하라. 그러면 죽음도 맥없다.

_송준기, 《무서워 마라》

4. 승리를 보여줌

또 하나의 원리는 '승리'다. 싸움의 특성상 이김은 논의라기보다 실전이다. 싸움에서 이기는 전략을 아무리 꿰고 있어도 정작 싸움판에서 이기지 못하면 소용이 없다. "치밀한 전략을 짜서 시뮬레이션을 돌려봤더니 승리했다!" 정도로 마칠수 없다. 적을 굴복시키는 현장이 필요하다. 실전의 문제다.

소년 다윗이 과거를 깨뜨리는 관점 차이를 신앙으로 외쳐대도 골리앗의 목을 들고 와 승리를 보여주지 않았다면 그저 떠버리 몽상가의 웃픈 해프닝쯤으로 역사는 마무리되었을 것이다. 다윗이 진짜 지키는 일을 수행하는 사람이 되려면 거인을 이겨줘야 했다.

그는 거인을 죽인 후에야 지키는 자로 등극하게 되었다. 원리 속에 원리가 있다. 다윗의 '승리'에는 두 가지 원리가 들어있다. 그는 언약 아래서 싸웠고, 적극적으로 싸웠다.

1) 언약 아래서 싸워라

전장의 모든 사람은 피아 관계없이 골리앗을 거대한 싸움꾼으로 봤다. 그 속에서 다윗은 홀로 남다른 관점을 가졌다. 오늘의 위기를 만들었던 과거를 박살내버리는 새로운 시각으로 거인을 바라봤다. 26절과 36절에서 반복 등장하는 말씀이 있다. 그것은 "이 할례 받지 않은 블레셋 사람"이다. 소년이 본 건 거인이 아니었다. 할례 받지 않은 자에 불과했다.

소년은 골리앗이 아니라 하나님을 봤다. 할례는 하나님과 이스라엘 사이의 약속이었고 그것은 곧 특별한 관계를 의미했다. 창조주와 약속 관계 안에 들어가 있으니 안전했다. 다윗은 이 약속 앞에서 더 이상 소년이 아니었고, 골리앗은 디 이상 거인이 아니었다. 그래서 다윗은 담대했다. 하나님이 가장 크신 분이니 안전했다. 오히려 골리앗이 작아 보였다.

여기서 오늘날 우리의 모습도 볼 수 있다. 할례 언약이 어떻게 진행되어서 예수 그리스도까지 왔는지 성경에 나와있다. 그 책이 하나님과 우리 사이의 관계를 오늘날도 규정하고 있다. 지금 당신 앞에 놓여있는 어떤 거인도 하나님보다 큰 것이 없다. 이미 이기신 하나님, 예수 그리스도께서 지금 당신과 함께하신다.

예수님은 하나님이시다(요 1:3). 그분이 우리와 피의 언약을 맺으셨다(막 14:24, 히 7:22, 9:15).

이제 우리에게는 두 가지 선택지가 있다. 지금 앞에 놓여있는 어떤 거인 앞에서든 두려움이 느껴지거든 둘 중 하나의 길로 들어가면 된다.

하나는 하나님의 약속을 사용하는 길이고, 다른 하나는 그저 나의 힘으로 항전하는 것이다. 정답은 뻔하다. 그래도 오답을 피할 수 있도록 예도 하나 들고 싶다. 마침 창밖에 비가 내리고 있다. 나는 카페에서 커피를 내리며 책을 쓰는 중이다. 아침에 우산을 쓰고 커피숍으로 출근했다. 비를 피

하는 방법이 있다. 우산을 펼치면 된다. 당연하다. 오는 길에 나 대신 우산이 비를 맞았다. 그런데 만약 내가 비를 맞고 우산이 비를 안 맞도록 품에 숨겨왔다면? 이것은 전혀 당연하지 않다. 누가 봤다면 미쳤다는 소리 듣기 좋은 장면이다.

하고자 하는 이야기는 '언약'이다. 이야기의 우산은 언약이고 비는 우리를 에워싸고 있는 모든 거인들이다. 거인을 이기려면 언약을 펼쳐야 한다. 물론 언약이 소중하다며 고이 숨겨두는 선택지도 있기는 하다. 하지만 미친 것 같아 보일 것이다.

언약을 펼쳐야 비를 안 맞는다. 우산을 펼쳐야 문제를 피한다. 엇… 바꿔 쓴 것 같다. 무슨 말인지는 알 것 같으니 그냥 다음 이야기로 넘어가자.

2) 적극적으로 싸워라

창조주와 특별한 관계 안에 있는 이스라엘의 군대가 하나님의 이름을 들고 블레셋 앞에 섰다. 언약을 들고 보니 별거 아니었다. 다윗은 이 언약을 적극적으로 펼쳐 들었다. 여기서 싸움의 자세가 정해진다.

다윗은 자신의 실력을 들고 거인에게 달려들기를 주저하지 않았고 하나님은 그런 소년을 승리로 안내해주셨다. 나는 싸움판으로 돌멩이 몇 개 들고 달려가는 다윗의 모습이 너무 좋다. 정말 지키는 일을 하는 사람답다. 그가 적극적으로 싸움에 임했던 모습에서 우리는 다음 세 가지 사실을 관찰하게 된다.

첫째, 적극적인 싸움이란 집중하는 것이다.

만약 다윗이 수동적이었다면 우선 친형과의 말싸움에서 끝났을 것이다. 형은 다윗의 신앙에 전혀 동의하지 않았다. 오히려 불신으로 가로막으며 화를 냈다. 형은 다윗에게 "교만하고 완악한 구경꾼 주제에 꺼져!"라는 식으로 쏘아붙였다(삼상 17:28). 그러나 다윗은 불신의 공격을 귓등으로 들었다. 그저 가던 믿음의 길을 계속 갔다. 자신의 싸움에 집.중.했다.

둘째, 적극적인 싸움이란 설득하는 것이다.

그뿐만이 아니다. 만약 다윗이 적극적이지 않았다면 그는 왕과의 대화에서 끝났을 것이다. 왕이 이야기했다. 다시 말한다. '왕'의 말이었다. 와앙. "네가 가서 저 블레셋 사람과 싸울 수 없으리니 너는 소년이요 그는 어려서부터 용사임이니라"(삼상 17:33).

나도 아시아 국가에 살아서 아시아 문화를 좀 안다. 윗사람이 아랫사람에게 어떤 이야기를 할 때는 순응하는 것이

예의다. 나이만 좀 더 많아도 그럴 텐데, 왕 앞에서, 그것도 신하도 아니고 일개 빵 셔틀이, 따박따박 자신의 논리를 펼친다.

주의 종이 아버지의 양을 지킬 때에 사자나 곰이 와서 양 떼에서 새끼를 물어가면 내가 따라가서 그것을 치고 그 입에서 새끼를 건져내었고 그것이 일어나 나를 해하고자 하면 내가 그 수염을 잡고 그것을 쳐 죽였나이다 주의 종이 사자와 곰도 쳤은즉 살아계시는 하나님의 군대를 모욕한 이 할례 받지 않은 블레셋 사람이리이까 그가 그 짐승의 하나와 같이 되리이다

삼상 17:34-36

언뜻 빈틈없어 보이지만 사울에게는 전혀 다른 이야기다. 일단 다윗은 사울의 군사가 아니었다. 그리고 '전쟁터에서 목양 이야기는 또 웬 말인가? 그 둘이 어떻게 같을 수가 있다는 말인가? 양 좀 지켰다고 이스라엘을 지킬 수 있다는 말인가? 그리고 소년이 목양 중 물리칠 정도의 짐승이었다면 새끼였겠지…. 아니, 어른 사자나 곰이었다 쳐도 지금 거인 골리앗에 비할 바가 안 되잖아?'

그러나 37절에 보면 사울 왕은 다윗의 이 말에 설득되었다. 일말의 망설임도 없다. "가라"(삼상 17:37). 어쩌면 그가

미쳐서 그랬을 수도 있고, 딱히 다른 전략이 없어서 였을지도 모른다. 혹은 망했다는 자포자기 가운데 소년이라도 가겠다니 내보냈을 수도 있다. 하지만 이들 중에서 가장 설득력 있는 이유는 신앙이다. 다윗이 보였던 남다른 신앙.

출전을 반대하는 사울 왕을 설득한 다윗의 논리는 무엇보다 그의 믿음이었다. 다윗은 따로 설득할 필요가 없었다. 자신이 거인을 왜 짐승 보듯 하는지 믿음의 말로 대답을 주었고 왕은 거기에 넘어갔다.

이 부분의 핵심은 다윗의 적극적인 모습이다. 그의 말에는 남다른 신앙 온도가 펄펄 끓어넘치고 있었다.

셋째, 적극적인 싸움이란 약점이 아닌 강점으로 싸우는 것이다.

그는 지금 승리를 확신하고 있다. 일말의 의심도 망설임도 없다. 모두가 거인 앞에 서 있을 때, 소년만큼은 그 거인을 하나님 앞에 세우고 있다. 이에 설득된 왕이 이번에는 자신의 갑옷을 입히려 했다. 하지만 소년은 왕의 갑옷을 거절했다. 그 이유는 "익숙하지 못하므로"였다(삼상 17:39). 그 대신 자신에게 익숙한 것을 들고 나갔다. 손에 쥐고 있던 막대기와 개울가의 조약돌 다섯 개였다(삼상 17:40). 승리를 확신했기에 가능한 일이었다.

만약 다윗이 승리를 확신하지 않았다면 적극적이지 못했을 것이고 그랬다면 그는 수동적으로 행동해서 사울 왕의 갑옷을 입고 출정했을 것이다.

하지만 다윗은 믿었고, 적극적이었다. 자신의 방법을 들고 나갔다. 남에게 익숙한 것을 벗어던지고 내게 익숙한 것을 들었다. 그는 싸움의 룰을 애초에 바꾸고 출발했다. 힘과 힘의 대결을 하나님의 목자와 세상의 짐승이라는 구도로 바꾸고 시작했다.

여기에 승리의 법칙이 있다. 남의 방법이 아닌 내 방법으로 이겨야 한다. 타인의 방법을 기웃거려서는 이길 수 없다. 익숙해질 때까지 연마한 내 실력이라야 이긴다.

이렇게 말하면 '실력'에만 집중할까 봐 그 동기에 대해 반복해야겠다. '익숙한 방법'을 당당히 사용하려면 남다른 신앙고백에서 나온 승리에 대한 확신이 필요하다.

소년 다윗은 하나님과 언약 관계에 놓여있다는 믿음의 관점으로 이미 생각에서 이겼다. 말하자면, 다윗은 이기기 위해 싸운 것이 아니라 이미 이긴 것을 확인하기 위해 싸웠다.

국제 룰과 전략의 관계

이것을 너희에게 이르는 것은 너희로 내 안에서 평안을 누리게
하려 함이라 세상에서는 너희가 환난을 당하나 담대하라 내
가 세상을 이기었노라 요 16:33

다윗은 승리를 확신했기 때문에 형과 왕의 반대 앞에 멈추
거나 설득당하지 않았다. 왕의 갑옷을 벗고 평소 양몰이할
때 썼던 작대기와 물매를 들고 거인에게로 갔다. 그것도 주
저 없이 거인을 향해 "빨리 달리며" 달려들어 승리를 확인했
다(삼상 17:48). 자신의 방법으로 거인을 쓰러뜨렸고 이어 적
의 칼로 그의 머리를 뜯어냈다(삼상 17:51).

다윗이 거인을 죽였다면 우리도 그럴 수 있다. 예수님이
우리에게 승리를 말씀하신다. 우리도 능동적 싸움꾼이 될 수
있다. 믿음의 관점을 가지고 언약에 대한 믿음의 행동으로
도전하면 된다.

하나님의 약속을 따라가다 보면 그리스도의 승리가 나온
다. 그리스도께서 이미 다 이기셨다. 이긴 싸움이다.

이야기를 마치며, 월드컵 경기를 한번 떠올려보자. 모든
경기는 국제 축구 룰을 따른다. 모든 팀에게 같은 룰이 적용

된다. 게임의 룰은 그런 면에서 하나다. 그러나 팀별 전략은 하나도 같은 게 없다. 모두에게 동일한 룰이 있다고 해서 모두 같은 전략으로 싸워야 한다는 말은 아니다.

우리는 영적 싸움을 치르는 중이다. 이 싸움판에도 룰이 있다. 모두에게 통용되는 국제 룰은 하나님의 말씀이다. 성경에 이기는 원리들도 나온다. 거인을 죽인 소년 다윗의 승리가 그중 하나다.

이 스토리가 보여주는 원리들을 나는 지키는 일에 가져다 썼다. 가족과 교회, 그리고 내가 하는 모든 일에 적용했다. 그리고 다윗보다 큰일을 했다. 그는 한 명의 거인을 쓰러뜨렸지만 나는 거인과 같은 문제들 수백 개를 넘어왔다. 그때마다 같은 룰을 썼다. 하지만 적용점은 사건마다 사람마다 다 달랐다. 전략이 다양했다.

나는 당신이 누구를 왜 지켜야 하는지, 어떤 방법을 써야 하는지 잘 모른다. 하지만 당신에게도 꼭 이 원리들을 보여주고 싶었다. 바라기는 당신이 같은 원리를 다른 상황에서도 스스로 적용해보기를 권한다.

기도로 얻은 지키는 힘을 직접 펼쳐보라. 하나님의 선택과 언약에 대한 믿음을 사용해서 남다른 관점으로, 적극적으로 도전한다는 이 원리를 당신의 상황에 맞게 전략화해보라.

"잠은 덜 자도 죽지 않아요. 그러나 기도 풍당풍당 하면 죽어요"(기도 스승, 강혜숙 권사님의 조언).

9

**평범한 기도에 뒤따르는
비범한 능력
맛 좀 볼래?**

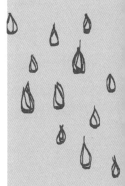

지키는 사람을 위한 기도

결혼 직후 나는 긴장했다.

어깨가 무거웠다. 남편으로서 아내를 지키는 일을 잘하고 싶었다. 별다른 지식도 지혜도 없던 나는 다윗을 따라 했다. 그의 지키는 일이 내 모델이었다. 앞서 이야기했던 네 가지 원리대로 했다.

하나님의 선택과 임재가 있는 남편처럼 언행하기, 위기를 기회로 바꾸는 남다른 믿음의 관점 보이기, 그리고 승리를 행동으로 보여주어야 한다는 사실도 잊지 않았다.

이 원리들은 모두 기도를 통과했다. 염려 상황에서 시작해서 무엇이든 구했고, 감사하며 믿음으로 하나님과의 관계에 더 집중했다. 성령충만과 믿음, 그리고 매사에 능력을 주서서 승리하게 해달라고 기도했다. 그리고 지속했다. 평안이 생기기까지 기도를 멈추지 않았다.

한두 번 기도할 수는 있었다. 하지만 계속 기도하는 것은 어려웠다. 자성해보니 책임감과 의지력이 흔들릴 때도 멈추지 않아야 했다.

기도 중단 요소를 뒤집어봤다. '지속'하려면 의지력이 없이도 기도할 수 있는 방법이 있어야 했다. 그래서 습관을 만들었다.

의지박약이던 내게 '매일 아내를 위해 기도하기' 정도의 슬로건으로는 어림도 없었다. 우선 시간을 정했다. 그마저 잘 안 되자 나중에는 '눈 뜨자마자!'라고 유동적으로 바꿨다. 그래도 실행이 잘 안 되었다. 결국 실행을 더 구체화했다. 기도문을 만들었다. 지키는 기도 습관 만들기를 이렇게 시작했다. 나는 매일 일어나자마자 이것부터 읽는다!

규영 자매가 항상 성령으로 충만하며

영육간에 강건하도록 도와주소서.

하나님이 주시는 지혜와 능력 가운데

모든 일에 열매가 넘치게 하시며

예수님과 더욱 가까이에서

말씀과 기도로 거하게 하소서.

살림을 해나갈 수 있도록 지혜를 주시고,

제자화 모임들을 하나님의 뜻대로

섬길 수 있도록 능력을 주소서.

규영 자매가 가는 곳마다 어둠이 물러가고

빛이 임하게 하시고, 진리의 능력으로

모든 거짓을 물리치는 영적 거장이 되게 하소서.

규영 자매에게 가르치는 능력을 더하시고

모든 필요를 채워주소서.

사랑과 겸손으로 옷 입고 그리스도처럼 행하게 하시고

준기를 돌보는 일에도 성령님이 직접 역사하사

규영 자매를 평안케 하소서.

하루하루 시간이 갈수록 천국에서

더욱 큰 자로 자리매김해가도록 인도하소서.

규영 자매가 기도하는 것마다 다 이뤄주시되

무엇보다 성령충만케 하소서.

진행 중인 여러 모임과 일들을

성령께서 직접 코칭해주시고 재능을 매번 더하셔서

일취월장하도록 이끌어주소서.

준기가 규영 자매에게 남편의 역할을

예수님이 교회를 위해 몸 주셨듯

사랑으로 수행하도록 지혜와 능력을 부어주소서.

예수님의 이름으로 기도합니다. 아멘.

이런 기도문까지 써서 기도 습관을 만들었던 건 실패 경험 때문이다. 겉보기에는 성공하는 사람 같았다. 누가 봐도 나는 기도하는 사람이었으니까.

특새 때도 금철에서도 기도했고, 매월 수차례 집회를 인도하며 기도하라고 독려하고 기도회를 이끌었다. 그러다가 착각했다. 그녀도 나도 모두 속았다.

기도하는 남편인 줄 알았다. 그러나 실상은 아니었다. 사람들 앞에 드러내는 기도, 이벤트를 했을 뿐이었다. 그것은 지키는 기도가 아니었다. 홀로 골방에서 누군가를 위해 반복, 지속해야 지키는 기도다.

퐁당퐁당 기도 금지

어머니가 지키는 기도는 지속하는 기도임을 알려주셨다.

그분의 기도 모범이 생생하다. 하루도 빠짐없이 사랑하는 자녀를 위해 매일 홀로 눈물 뿌려 기도하셨다. 내게는 어머니 같은 분이 한 분 더 계신다. 지금 이 순간도 매일 빠짐없이, 누가 알아주지 않아도 홀로 나를 기도로 지켜주시는 분이다. 지속하는 기도로 영혼들을 돌보고 지키는 기도꾼이다.

전화벨이 울린다. 휴대폰 화면에 "강 권사님"이라고 쓰여 있다. 나는 화들짝 놀라서 통화 버튼을 누른다. 전화를 두 손으로 받는다. 그리고 기어 들어가는 목소리로 말한다.

"여보세요?"

"할렐루야!! 목사님~!"

권사님의 목소리는 항상 힘이 있고 은혜가 넘친다. 우울하게 말씀하시는 것을 한 번도 본 적이 없다. 강 권사님은 나와 교회를 위해 매일 정시기도를 하신다. 나보다 더 나를 위해 기도하시는 고마운 분이다. 동시에 내 영적 상황과 상태를 기도의 자리에서 이미 파악하시는 분이다.

"목사님! 요즘 하루 3시간 기도 잘 지키고 계시지요?"

"아, 네…. 어제는 좀 일이 많아서요…."

"목사님! 안 됩니다. 자꾸 퐁당퐁당 기도하시면 안 돼요!!"

기도 빼먹으면 전화벨이 울린다. 신기할 정도다. 나를 위해 탄식하시는 성령님이 권사님에게 일러주시나 보다. 기도하지 않는 상태가 드러나면 가장 부끄럽다. 그러나 숨기면 안 된다. 기도하지 않음을 계속 숨기다가 번아웃까지 가지 않았던가!

"감사합니다! 권사님, 전화 제때 주셨어요. 다시 시작하겠습니다. 전화 거신 김에 저를 위해 기도해주세요!"

"아닙니다, 목사님! 이렇게 겸손하게 기도하겠다고 말씀하시는 목사님은 드물어요! 목사님이 저를 위해 기도해주세요!!"

그러면 눈물이 난다. 기도꾼을 붙여주신 하나님께 너무 고맙고, 기도도 제대로 못하는 목사 붙들고 새벽마다 눈물로 기도하시는 영혼의 어머니가 고맙고, 기도 없는 남편과 헌신적으로 동행하는 아내도 고맙다.

네오에게 오라클이 있었다면, 내게는 강 권사님이 계신다. 기도꾼을 만나야 내가 기도꾼이 아닌 것이 탄로나버린다. 증세가 공개되어야 의사도 손을 쓸 수 있듯, 내 기도 실체도 드러나야 고친다.

나는 기도하지 않으면서도 기도하는 것처럼 나를 속이고 사람들을 속이는 자다. 기도꾼을 만나고 와야 한다. 그래야 다시 기도하고 더 기도하며 내가 사랑하는 영혼들을 지키는 일에 부끄러움 없는 사람이 된다.

그래서 나는 지난 8년 동안 두 달에 한 번씩 강 권사님을 만나려고 기차를 탄다. 앗! 오늘 며칠이지? 아차, 벌써 다음 주 월요일이 그날이다! 글 쓰는 것보다 기도부터 하러 가야겠다.

예수님, 지금 뭐하시는 거죠?

가끔 강 권사님이 성경에서 튀어나온 인물 같다.

하나님의 말씀에 등장하는 기도 어머니들과 닮아서 그렇다. 그들도 기도로 사랑하는 사람들을 지켜냈다. 그들은 하나같이 오랜 시간 동안 기도하고 또 기도했던 사람들이다.

그중에 한 사람이 유독 눈물겹다. 가나안 여자의 이야기다. 자기 딸을 기도로 지킨 어머니가 있다. 마태복음에 나온다. 여기에 또 하나의 지키는 기도 모델이 있다. 요약하면 세 가지다.

1) 침묵하셔도 계속 기도한다(마 15:23).
2) 이해할 수 없어도 계속 기도한다(마 15:24,25).
3) 욕먹어도 계속 기도한다(마 15:26,27).

이 이야기는 예수님의 여행길에서 시작된다. 예수님이 원래 사역하시던 갈릴리 지역을 떠나면서부터다(마 15:21). 주님은 제자들을 이끌고 "두로와 시돈" 지방으로 향하셨다.

이 여정에는 세 가지 흥미로운 점이 있다. 우선 직전 스토리에 비해 너무 초라하다. 일부러 그렇게 배치한 게 아닐까 싶을 만큼 대조적이다.

빌 게이츠가 어느 날 1달러 벌겠다고 멕시코 커피 농장에 나간다면 사람들이 뭐라고 말할까? 그만큼이나 앞뒤가 어울리지 않는다. 예수님은 오병이어 이적을 보이신 다음에 이방인 여자를 만나러 가셨다.

남자만 5천 명이 공짜 도시락으로 한 끼를 해결한 순간, 사람들은 예수님을 왕으로 추대하고자 했다(요 6:15). 이보다 더 유명해질 수가 없었다. 공생애 3년 중, 예수님에게 가장 관심이 집중된 순간이었다. 그럼에도 예수님은 제자들과 여행길에 오르셨다. 그것도 유대인들은 관심 없는 곳으로.

행적을 보며 슬그머니 기대감도 인다. 왕 자리를 거절하고 가실 만큼 더 대단한 일은 뭘까 싶다. 그러나 읽어보면 기대가 뒤집힌다. 갑자기 초라한 일이 등장한다. 예수님은 그저 한 사람을 만나 잠시 대화하신 것이 전부였다.

당시 유대인들의 사고방식을 생각해본다면 이보다 더 초라할 수 없었다. 직전 사건의 크기에 비해 모든 면에서 왜소하다. 예수님과 함께 나라를 세우겠다며 수만 명이 열광했던 일에 비해 너무 형편없었다.

또 하나 흥미로운 점은 여행 장소이다. 그곳은 소위 이방인 지역이었다. 예수님의 나와바리가 아니었다. 그뿐인가? 당시 유대 남자들은 절대 가지 않던 장소였다. 유대인들은 이 지역 사람들을 죄인 취급했다. 그러면서 "개"라고 부르기를 서슴지 않았다. 그것이 구약 시대에 죄인을 부르는 별명이었기 때문이다(잠 26:11). 실제로 두로와 시돈 지역은 어두운 곳이었다. 유리, 거울, 보석, 우상 제작 등으로 유명한 곳이었고 지중해의 뱃길 중심에 있었다. 그래서 돈이 많이 몰리던 상업지이기도 했다. 각종 범죄와 많은 우상이 넘쳤던 곳이다. 그런 곳에 예수님이 가셨다.

13명이 가더라도, 눈에 확 띄는 행렬이다. 갈릴리에서 두로와 시돈까지 걸어서 3일 길. 당시의 여행 방법은 앞뒤로 길게 양팔 간격으로 쭈욱 늘어서서 한 줄로 걸어가는 것이었다. 이 여정은 아무리 한적한 경로로 진행하더라도 눈에 띄기 너무 좋다. 거기다가 예수님은 이 여행을 가장 주목받는 사건을 일으킨 후에 진행하셨다.

흥미로운 부분은 하나 더 있다. 가나안 여자를 대하는 예수님의 태도나 말투가 평소와 달랐다. 어딘가 예수님스럽지 않았다. 그분은 간절한 요구 앞에 침묵하셨고, 단호히 거절하셨으며, 다른 유대인들이 가했던 개 취급에 동의하시는 듯한 뉘앙스로까지 말씀하셨다.

지키는 기도의 세 가지 모범
가나안 여자가 딸을 지키기 위해 했던 기도를 보자.

우리는 이 기도를 보고 배워 따라 하려는 목적이 있다. 지키는 기도를.

1. 침묵하셔도 계속 기도한다

예수님의 침묵에 대해 말하려면, 이 여자의 간절함부터 다뤄야 한다. 예수님 일행이 사역지를 떠나 이방인 지역으로 들어가셨다. 그때 가나안 여자 하나가 나와서 소리질렀다. 성경은 이 여자의 간절함을 크라쪼(κράζω)로 표현하고 있다. "크라쪼"라는 말은 그냥 큰 소리가 아니다.

만약 연극 배우가 이 대본을 받아 들었다면 연출가는 아마도 이렇게 표현하라고 요구할 것이다.

"크라쪼를 해주세요. 그러니까요… 구원을 간절히 바라며 눈물을 펑펑 쏟아내고 외쳐대기를 지속하는, 찢어지는 소리의 부르짖음을 해주세요."

죽어가는 자식을 품에 끌어안고 제발 살려달라고 외치는 엄마에게 딱 어울리는 모습이다. 그 내용도 크라쪼에 어울린다. 이어 외치는 내용이 나온다.

…주 다윗의 자손이여 나를 불쌍히 여기소서 내 딸이 흉악하게 귀신 들렸나이다 마 15:22

이 여자는 성경을 아는 여자였다. "주 다윗의 자손"이라는 표현이 보여준다. 구약 성경을 아는 사람들은 메시아를 그렇게 불렀다(삼하 7:12, 마 1:1, 22:42).

여러 안쓰러운 인생들이 많지만 내 집 식구를 먼저 돌봐야 한다. 이 여자가 바로 이스라엘의 식구다. 성경을 알기 때문이다. 게다가 이 믿음을 보라. 예수님을 메시아로 믿지 않았다면 어떻게 이런 기도를 하겠는가? 예수님의 말씀에 의하면 이 여자는 예수님의 가족이나 마찬가지였다(막 3:35). 기도 응답 우선순위다. 거기다가 주변에 누가 있는가? 갈릴리에서처럼 몰려든 인파가 있는 것도 아니지 않은가(막 3:20)?

그녀가 불쌍한 이유는 딸 때문이었다. 엄마에게 가장 소중한 존재, 자녀의 상태가 심각하다. 영혼을 빼앗겼다. 그것도 '흉악하게' 귀신 들렸다. 감기만 걸려도 안달복달할 자식이다. 어떻게든 살려야 했다. 그러나 방법이 없었다. 심각하게 귀신 들렸다. 생명같이 소중한 딸의 죽고 사는 문제를 끌어안고서도 전혀 지켜주지 못해 망연자실 소리쳐 울고 있는 엄마였다.

이제 예수님이 대답하실 차례다. 주님은 이미 갈릴리 지역에 계실 때 예외 없이 다 고쳐주셨다(마 12:15). 유대인들의 적인 로마 군인의 하인조차 고쳐주셨다(마 8:7). 온갖 종류의 병을 치료하셨다(마 14:14). 남녀 불문 모두 고쳐주셨다(막 5:34). 물론 귀신도 쫓아내주셨고, 그 제자들마저 축귀쯤 가능했다(눅 9:1).

예수는 한 말씀도 대답하지 아니하시니 제자들이 와서 청하여 말하되 그 여자가 우리 뒤에서 소리를 지르오니 그를 보내소서 마 15:23

기대와 전혀 다른 일이 벌어졌다. 예수님이 고쳐주시기는 커녕, 아무 말씀이 없으셨다. 무시, 모른 척, 침묵, 투명인간 취급. 다시 앞 구절로 다녀와도 이해가 잘 안 간다. 이 여자는 분명 스스로를 불쌍히 여겨달라며 소리쳤다. 그것도 크라쪼의 외침이었다.

예수님이 이전에 갈릴리 지역에서 다른 사람들을 고쳐주실 때는 분명 불쌍히 여기셨다(마 14:14). 축귀보다 더한 일도 하셨다. 불쌍해서였다(눅 7:13). 그런데 이번에는 달랐다. 침묵하셨다. 예수님의 침묵 앞에 이상하다는 생각을 한 건 나뿐만이 아니었다. 제자들도 그 옆에서 어색해했다. 그래서 "그를 보내라"고 요청했다.

만약 당신에게 이런 일이 생긴다면 어쩌겠는가? 성경도 알고 예수님도 믿고, 다른 사람들이 고침 받은 것도 알았다. 그래서 기껏 가서 사랑하는 사람 좀 구해달라고 울부짖어 기도했는데, 만약 무시당했다면? 예수님도, 예수님의 사람들도 함께 침묵했다면? 심지어 가라는 명령, 꺼지라는 이야기를 들었다면?

나 같으면 자존심도 상하고 화도 나고 어쩌면 예수님에 대한 미움이 생겼을지도 모른다. 그러나 지금 우리가 살피고 있는 것은 내 상황이 아니라 마태복음 15장에 등장하는 이 여자다. 사랑하는 딸을 위해 지키는 기도를 부르짖는 한 엄마의 모습이다.

그래서 예수님의 침묵 앞에서 이 여자는 어떻게 했는가?

계속 기도했다.

2. 이해할 수 없어도 계속 기도한다

예수님의 침묵 앞에 제자들이 먼저 반응했다. 이 여자가 계속 소리 지르게 놔두지 마시라고, 그녀를 보내라고, "꺼져" 한마디만 하시라고 요청했다. 당시의 유대인 문화를 생각해본다면 합리적이다. 어쩌면 제자들은 예수님의 침묵 반응에 별로 이상한 점을 찾지 못했을지도 모른다.

물론 처음에 이 여자가 외칠 때만 해도 예수님이 고쳐주시리라는 기대가 있었을 것이다. 하지만 침묵하시는 모습을 본 후에는 마음이 달라졌을 것이다. 맥락과 당시의 문화를 비교, 유추해보자면 제자들은 이런 생각을 했던 것 같다.

'그렇지! 예수님도 유대인 남자잖아. 그런데 이 여자는 뭐야? 이방인이잖아! 지금 예수님이 갈릴리 지역에서 유대인들 중심으로 사역을 해주셔야 맞지…. 그나저나, 우리는 왜 이

방인 지역에 들어온 거야? 예수님이 이 지역 왕이라도 만나고 가시려나? 뭔가 거대한 일이 또 일어나려나?'

그때 예수님이 말씀하신다.

나는 이스라엘 집의 잃어버린 양 외에는 다른 데로 보내심을 받지 아니하였노라 마 15:24

이 말씀은 유대인 남자들이 볼 때는 너무 당연한 말이었다. 그러니까 예수님 옆에서 열두 제자들이 들을 때는 전혀 문제가 없는 말이었다. 그런데 이상한 점이 있다. 원문을 살펴보면 예수님 평소 말투보다 더 고상하게 말씀하셨다 (ὁ δὲ ἀποκριθεὶς εἶπεν, Οὐκ ἀπεστάλην εἰ μὴ εἰς τὰ πρόβατα τὰ ἀπολωλότα οἴκου Ἰσραήλ).

저질 방언이나 아람어도 안 쓰셨고, 단문도 아니었고, 단어 선택도 배운 사람 같고, 역시 오병이어 사건의 주역답다는 느낌마저 드는 문장이었다.

하지만 한 많은(?) 가나안 여자의 입장에서 보자면 이 말투는 재수없다. 아니, 사람이 죽겠다고 소리 지르는데 그 앞에서 함께 울거나 참담해지는 못할망정 웬 고상한 말투인가? 1달러 벌이 일당 노동현장에 나선 빌 게이츠를 알아보고, 누군가 1센트만 빌려달라고 했다고 가정해보자. 그랬더니 빌 게이츠가 자신이 어떻게 자수성가했는지를 셰익스피어 같은 말투로 설명했다면 어떨 것 같은가? 재수 없어 보이지 않겠는가?

지키는 기도를 지속하다 보면 이럴 때가 있다. 지금 당장 사랑하는 사람이 오늘내일하는데 기도를 해도 아무 일도 일어나지 않는다. 하나님이 침묵하시는 것만 같다. 맨숭맨숭하기만 하다. 그 흔한 은혜 한 방울이 내 머리 위로 떨어지지도 않는 것만 같다. 게다가 내 속을 아는지 모르는지 매달려 울부짖는 내게 예수님 잘 따라다니는 다른 교인들이 꺼지란다. 떠나라고 요구한다. 그러면서 신학이 어떻고 기도가 저떻고 한다. 알아듣지 못할 고상한 말만 해댄다. 재수 없다.

자, 당신은 어떻게 하겠는가? 그래도 기도를 계속하겠는가? 이런 상황 앞에서 가나안 여자는 기도를 계속했다. 말씀을 살펴보면, 그녀는 더 간절해졌다. 마지못해, 죽지 못해 하는 기도가 아니었다. 이미 예수님과 충분히 가까운 곳에서 기도 중이었지만 더욱 다가갔다. 그 기도는 더 짧고 간결해졌다. 25절을 보라.

여자가 와서 예수께 절하며 이르되 주여 저를 도우소서

마 15:25

이 여자는 전혀 재수 없어 하지 않았다. 오히려 절했다. 다른 말로, 예배했다. 납작 엎드려 예수님을 높이며 더욱 매달렸다. 계속 소리쳤다. "주여 저를 도우소서!"

증가한 간절함 때문이었다. 처음에는 기도가 길었다. 기도의 대상이신 주님이 누구신지 성경을 아는 지식으로 설명했고, 자신이 어떤 처지에 있는지 요약했으며, 딸의 상태를 설명하며 무엇을 원하는지 밝혔다(마 15:22).

그러나 예수님의 침묵과 고상한 거절을 경험한 직후 기도가 짧아졌다. 더 거칠어졌다. 원하는 것이고 뭐고 다급했다. 제발 살려달라는 식이었다. "주여 저를 도우소서!" 민낯을 드러냈다. 그녀는 계속 기도했다.

3. 욕먹어도 계속 기도한다

이 대목은 언제 읽어도 뭉클하다. 나도 기도할 때 그녀처럼 외친다. "주여 나를 도우소서!" 긴 말 할 것 없다. 너무 간절해서 그렇다. 가장 사랑하는 사람들을 어떻게든 살려야 한다. 답은 예수님뿐이다. 지금 침묵이고 이해 못할 고상함이고 아무 상관없다. 내 딸만 살릴 수 있다면 나는 이분을 놓치지 않을 것이다. 이분이 첫판에 고쳐주셨으면 몰라도, 이렇게 대하시니 나는 더욱 외쳐야겠다. 이뤄질 때까지 부르짖을 것이다. "주여! 나를 살려주소서!"

이쯤 되면 이제 예수님도 언행을 바꾸실 만하다. 뭔지는 잘 몰라도 예수님이 이 여자를 거절했던 이유를 밝히시고 고쳐주실 것만 같다.

이때 26절이 시작된다. "대답하여 이르시되…." 너무 기대된다. 깊은 간절함을 품고 더욱 예수님께 매달리는 그녀의 처지가 내 이야기 같기만 하다. 예수님이 야속해 보이기까지 한다. "대답하여 이르시되…."

'아, 예수님, 제발, 이제는 고쳐주시겠지요? 이제는 그녀의 기도에도, 그리고 제 외침에도 응답해주시겠지요?'

대답하여 이르시되 자녀의 떡을 취하여 개들에게 던짐이 마땅하지 아니하니라 마 15:26

이제는 예수님이 이 여자를 개 취급하신다. 상황을 보라. 예수님과 제자들, 13명의 유대인 남자들이 둘러서 있고, 이방인 여자 하나가 엎드려 펑펑 울며 소리 지르고 있다. 평소의 예수님이라면 함께 울며 고쳐주실 것만 같은데, 아니었다. 내가 아는 그 예수님이 맞나 싶다. 마음이 무너진다. 내 기도 제목도 함께 무너지는 것만 같다.

당시 유대인들은 죄인을 "개"라고 불렀다. 그들이 이방인들을 개 취급했던 것을 함께 생각해본다면 마음은 더 어려워진다. 상처를 들춰내는 꼴이었기 때문이다.

예수님은 이 여자의 아픈 곳을 정확히 건드리셨다. 평소 개 취급당하던 사람에게 개라고 하셨다. 나도 마음이 아파온다. 자꾸만 이 여자의 상황에 내 기도 영성이 투영된다.

'아니 아직 뭐가 더 부족하단 말인가? 뭘 더 어쩌란 말인가? 예수님에게 기대했던 것은 위로와 치유의 말씀, 그리고 기도 응답이다. 이게 그렇게 어렵나? 예수님은 창조주신데, 왜 이 작은 여자를 그토록 함부로 대하셨단 말인가?'

자… 심호흡을 하고, 다시 천천히 되짚어보자. 그 가나안 여자에게 나를 투영해서 생각해봤다.

'지키는 기도를 했다. 너무 간절해서 크라쪼의 기도를 했다. 눈물 펑펑 쏟으며 외쳤다. 찢어지는 소리로 꺽꺽 울부짖었다. 그랬더니 응답은커녕 침묵하시고 이해할 수 없는 고상함으로 에둘러 거절하셨다. 그러나 멈추지 않았다. 오히려 더욱 예배했다. 기도를 절대 포기하지 않았다. 다른 길도 없고, 내 딸을 살려야만 했다. 그랬더니 이제는 진짜 막 나가셨다. 나보고 "개"랬다. 지금 딸이 귀신 들려 내가 죽겠는데, 내 죄를 지적하셨다. 살려달라고 했더니 내 죄를 건드리셨다.'

당신이라면 어떻게 하겠는가? 계속 기도하겠는가? 이래도 계속 딸을 지키는 유일한 방법으로 예수님을 선택하겠는가? 그분께 계속 매달리겠는가?

다시 가나안 여자의 다음 행동을 보자. 개 취급당한 가나안 여자의 다음 반응은?

여자가 이르되 주여 옳소이다마는 개들도 제 주인의 상에서 떨어지는 부스러기를 먹나이다 하니 마 15:27

이 여자는 예수님의 개 취급이 옳다고 했다. 자신은 개가 맞다는 이야기다.

'이 여자는 어떻게 된 사람인가? 자존심이 아예 없나? 그렇게까지 다른 방법이 없었나? 정말 예수님뿐인가?'

그녀는 자신을 개 취급하는 구원자 앞에서 지키는 기도를 계속한다. 전혀 상처받지도 자존심 상하지도 않았다. 그러면서 하는 기도가 개들도 은혜 부스러기를 먹는다는 것이었다. 다른 말로 개라서 좋댔다. 남의 개도 아니고 구원자 메시아 그리스도의 개니 옳댔다.

이 부분은 설명보다는 극화해서 그녀의 대사로 들어봐야겠다. 만약 어떤 시나리오 작가가 그녀의 대사를 적는다면 이러지 않았을까?

"맞아요, 예수님! 제가 개 맞아요. 제가 죄인 맞아요. 그러니 더욱 예수님이 꼭 필요해요. 개 취급해주셔서 너무 감사해요. 저는 이제 들판의 떠돌이나 남의 집 하수인도 더 이상 아니에요. 저는 지금 이 순간부터 메시아의 개예요. 당신의 크기에 비하면 저는 완전 수지맞았어요. 일개 재벌집 애완견도 저보다 잘 먹고 보호받으며 병원도 저보다 더 많이 가요. 그런데 저는 창조주의 개가 되었잖아요. 너무너무 감사해요.

예수님! 그런데 그거 아세요? 저를 개라고 불러주셨으니, 이제는 더 이상 침묵하실 수도, 거절하실 수도 없어요. 그냥 제게 아무 일도 안 해주셔도 돼요! 저는 당신의 개예요. 당신 곁에서 어슬렁거릴 거예요. 아까 그러셨죠? '나는 이스라엘 집의 잃어버린 양 외에는 다른 데로 보내심을 받지 아니하였노라'라고요. 저, 이제 알겠어요. 지금 여기 서 있는 12명의 제자들이 다 유대인 남자들이잖아요. 이들이 바로 예수님이 말씀하셨던 그 잃어버린 양들인 거죠?

저, 이제 알겠어요. 주님이 이들에게 영혼의 양식과 은혜를 큰 덩어리로 먹이고 계시는 거죠? 다행이에요. 저는 이제 살았어요. 개처럼 주변을 어슬렁거리다가 혹시라도 이들의 상에서 은혜 부스러기가 떨어지면 그것은 제가 할짝일 거니까요! 저는 개니까 그래도 되는 거잖아요! 네? 맞죠? 저 큰 은혜 필요 없어요. 한 조각, 아니 먼지같이 작은 부스러기 하나면 돼요. 창조주의 은혜인데, 먼지 한 톨만큼만 있어도 제 딸 살리기에는 충분할 거예요! 감사해요, 주님! 저를 개라고 불러주셔서 너무너무 고마워요! 제 딸은 이제 살았어요! 저도

덕분에 이제 살았어요!"

그리고 그녀는 계속 기도했다.

기도를 계속하는 자

이 여자는 일생의 기회처럼 잠깐 예수님을 만났다.

하지만 제자들은 매일 예수님과 함께 있었다. 그런데도 제자들은 예수님을 예수님으로 대하는 데 계속 실패했다. 풍랑이는 물결 위에서도, 오병이어 사건 직후에도 제자들은 믿음이 작은 자들이었다.

예수께서 이르시되 어찌하여 무서워하느냐 믿음이 작은 자들아 하시고 곧 일어나사 바람과 바다를 꾸짖으시니 아주 잔잔하게 되거늘 마 8:26

예수께서 즉시 손을 내밀어 그를 붙잡으시며 이르시되 믿음이 작은 자여 왜 의심하였느냐 하시고 마 14:31

반면 한 이방 여인은 "믿음이 큰 자"라는 호칭을 얻었다. 그녀도 듣고 제자들도 다 함께 들었다.

이에 예수께서 대답하여 이르시되 여자여 네 믿음이 크도다

네 소원대로 되리라 하시니 그때로부터 그의 딸이 나으니라

마 15:28

물론 딸은 나았다. 길고 언뜻 이해 안 가는 대화의 핵심은 알고 보니 믿음이었다. "네 믿음이 크도다!" 여기서 스토리의 전모가 드러났다.

제자들은 예수님을 코앞에 두고도 그분께 집중하지 못했다. 특히 두로와 시돈 지역에 들어가기 직전에는 더 그랬다. 모든 질병을 고치고, 죽은 자를 살리며, 귀신을 쫓아내시는 예수님과 동행하면서도 그분께 집중하지 못했다. 오병이어 사건을 통해 예수님을 직접 경험했고, 그 기적 결과물들을 열두 바구니나 가지고 배에 탔으면서도 예수님을 믿지 못했다.

코앞까지 오신 예수님을 보고도 못 알아봤으며, 물 위를 걸어 예수님 앞으로 갔으면서도 바람을 보고 빠져갔다. 그래서 이렇게 혼났다. "믿음이 작은 자여"(마 14:31)!

그들에게 예수님이 보여주셨다. 믿음 수업 실습 장소로 두로와 시돈을 선택하셨다. 거기서 만난 가나안 여자가 예수님의 조교였다.

제자들의 눈에 비친 한 이방 여자의 모습은 자신들과 너무 달랐다. 큰 믿음의 소유자였다. 그녀는 심지어 예수님께 나가는 일의 유일한 방해 요소가 예수님 본인일 때조차 예수님

만 바라봤다. 예수님만 믿었다. 심지어 자신이 가장 집중하고 있는 문제 상황보다 예수님을 더 크게 보며 집중했다. 고작 풍랑 때문에 예수님을 두 번이나 못 봤던 제자들과는 너무 달랐다(마 8:23-27, 14:26-31).

예수님은 가나안 지역에 가서 이 여자 한 명 만나고 복귀하셨다(마 15:29). 제자들을 데리고 두로와 시돈 지역까지 일부러 가신 목적이 이제 드러났다.

제자들은 그녀에게서 배워야 했다. 갈릴리에서 두로와 시돈 지역으로 며칠씩이나 오가면서 생각해야 했고 깨달아야 했다. 믿음이 무엇인지를 알아야 했다. 침묵하셔도, 거절하셔도, 혹은 개 취급하셔도 전혀 문제 될 게 없음을 배워야 했다. 어떤 상황에서든 계속 집중하는 것, 예수님만 보일 때까지 계속 그분께 매달리는 것, 그것이 큰 믿음의 모습이었다.

여기에 기도의 목적도 나온다. 사랑하는 사람을 지속적인 기도로 지켜내는 일을 통해 우리는 믿음을 배운다. 가나안 여자를 만나기 전까지는 기도를 지속하고 지속하고 지속하는 이유가 문제 때문인 줄 알았다. 사랑하는 사람을 지키려는 열정 때문인 줄 착각했다.

그러나 이야기의 전모를 본 후 우리는 다시 배웠다. 예수님의 제자들도 그랬을 것이다. 기도를 지속하는 이유는 믿음이었다. 가나안의 한 불쌍한 기도자에게는 예수님이 전부였다.

그녀는 예수님만 보고 있었다. 이제 제자들도 변해야 했다.

지키는 기도는 지속하는 기도이다

사실 기도를 떠나서 생각해봐도 누군가에게 당하는 침묵은 별일 아니다. 사랑하는 사람을 지키는 방법만 있다면, 귀신 들린 내 딸과 같은 가족의 문제가 해결될 수만 있다면, 사랑하는 이를 제대로 지킬 수만 있다면 자존심이 대수겠는가? 가족을 먹여 살리느라 온갖 수모에도 장사하고 직장생활을 하며 허허 웃는 아빠들을 보라. 지키는 일은 그 대상을 향한 사랑만큼이나 지속적이다.

하물며 지금 가나안 여자가 기도했던 대상이 누구신가를 생각해보라. 그분 앞에서는 자존심에 대한 비교 자체가 불가능하다. 그분은 창조주시고 그녀는 개 취급받아 마땅한 죄인이었다.

우리도 그렇다. 지키는 기도는 지켜야 하는 사랑의 크기만큼이나 응답이 올 때까지 지속해서 매달리는 기도다. 그런데 이 일 자체의 가치보다 더 큰 가치가 있다. 기도하는 대상이 누구신지를 지키는 기도 중 발견하는 것이다. 그래서 더큰 믿음으로 나가는 것이다. 예수님 때문에 기도를 지속하는 사람이 되기까지 기도하는 것이다. 지키는 기도는 예수님이 전부가 되는 순간까지 '지속'하는 기도다.

허리를 굽혀 다른 이들이 일어서도록 도와주려면,

자신도 일어설 수밖에 없다.

_로버트 이안 시모어

10

**사랑하는 이의 고통을
견딜 수 있다면
기도했겠어?**

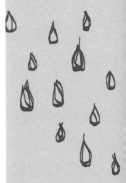

주 여호와께서 이같이 말씀하셨느니라 그래도 이스라엘 족속이 이같이 자기들에게 이루어주기를 내게 구하여야 할지라 내가 그들의 수효를 양 떼같이 많아지게 하되 겔 36:37

왕의 잔소리

왕의 말에는 허언이 없어야 한다.

만약 한 말을 또 하면 권위가 떨어질 것이다. 어떤 왕도 두 말하지 않는다. 신하에게 "가라"고 명령했다면 그 신하는 가야 한다. 만약 한 번 더 말해야 하는 상황이 된다면 그곳은 심판대가 될 것이다.

그러나 성경에 등장하는 왕 중의 왕, 하나님의 말씀에는 잔소리가 있다. 한 말씀을 또 하실 때가 있다. 그중의 하나가 "두려워 말라"의 반복이다. 이 말씀은 성경에 80번가량 등장한다. 아니, 그 정도가 아니다. 비슷한 말들인 "염려 마라, 안심하라, 무서워 마라, 평안하라" 등을 포함한다면 300회가 넘는다(송준기, 《무서워 마라》, 141-144쪽). 잔소리 중의 잔

소리다. 반복되는 말이라 위엄이 떨어질 정도다.

하지만 조금 더 생각해보면 감동이 된다. 예를 들어 왕의 명령을 어긴 신하를 가만히 보니 왕이 총애하는 아들이었다면 이야기가 달라진다. 왕은 충분히 한 번 더 "가라"고 명령할 수 있다. 만약 두 번 듣고도 불순종했다면, 바로 심판대에 세우기보다 세 번, 네 번, 다섯 번… 반복해줄 것이다.

반복에는 이유가 있다. 사랑이다. 왕의 권위가 추락하더라도 상관없을 정도로 아끼는 대상이라면 몇 번이든 잔소리해줄 수 있다.

우리를 보라. 성경의 독자들은 창조주의 사랑을 받는 사람들이다. 그분은 우리에게 그리스도를 주셔서 이미 자신의 사랑을 확증하셨다(롬 5:8). 왕의 사랑을 예수님 목숨의 가치로 확인받은 사람들이 크리스천이다(요일 4:8,9).

그런 우리에게 사랑하셔서 반복하시는 말씀이 있다. 본인의 권위를 스스로 무시하시기까지 하며 수백 번이나 반복하시는 말씀이 있다. 이것은 명령이기까지 하다.

"두려워 말라."

반반 기도

우리가 두려워하는 것들은 여러 종류가 있다.

고난(계 2:10), 귀신(마 14:26), 하나님의 임재(출 20:20), 환

경(막 4:40), 소명 실행(행 18:9), 싸움(벧전 5:7-9), 버림받는 것(히 13:5). 그중에서도 모두가 무서워하는 것을 꼽으라면, 사랑하는 이의 질병이나 죽음이다.

두려워하지 말고 믿기만 하라 막 5:36

이것은 제 자식 살려달라던 회당장에게 주신 예수님의 말씀이다. 그는 딸을 살리실 수 있는 이가 예수님뿐이라고 믿었다. 그래서 예수께 고쳐달라고 요청했다(막 5:22,23). 기도했다. 이것은 사랑하는 이를 지키는 기도였다. 그러나 예수님의 반응을 살펴보니 그는 믿음만으로 기도하지 않았다. 그 안에는 두려움이 섞여있었다.

완전한 믿음은 사랑과 같아서 공포가 없다(요일 4:18). 무서워한다는 것은 불신한다는 뜻이다. 회당장은 '믿음 반 불신 반'으로 예수께 나갔다.

이 말은 부정적이지만은 않다. 반반 기도 모습은 믿음 없는 우리에게도 소망이 된다. 만약 아무 문제가 없었다면 불신이 섞인 회당장이 그렇게 간절히 기도했을 리가 없다. 아주 적은 믿음이나마 문제가 깊어질 때에야 생긴 것을 보라.

불신과 공포가 자리 잡은 마음에 기도할 믿음의 빛이 스며들었던 회당장을 보라. 문제가 있어도 좋다. 만약 그 덕분에 기도가 시작된다면 말이다.

그러고 보니 우리가 믿음 없고 기도 안 하는 것에도 일말의 희망이 있다. 믿음 없는 당신도 위대한 기도자가 될 수 있다. 다이어트보다 야식이 더 쉽듯, 기도보다는 기도 안 하는 게 더 편한 법이다. 그런 우리도 사랑하는 사람의 고통을 보면 두려워지고 없던 믿음도 싹튼다. 그래서 지키는 기도를 하게 된다.

그러면 평소에 좋은 기도꾼이 아니었더라도 누군가를 기도로 지킬 수 있게 된다. 비록 고통과 두려움 때문에 시작한 반반 기도라도 기도는 기도이기 때문이다.

지키는 기도의 출발은 사랑하는 이의 고통이다. 분명히 믿음으로 기도를 시작했지만 그 믿음의 출처가 별로 아름답지 않다. 하지만 쓰레기 더미에서도 꽃을 피워 내시는 하나님이시다. 그분이 우리를 안 믿음에서 믿음으로 인도하신다. 안 기도에서 기도로 변화시키신다. 회당장도 그랬다. 두려움에서 시작한 믿음이었다. 그래서 기도 중에서조차 공포와 신뢰가 공존했다. 우리도 마찬가지다.

이제 이야기는 한 단계 더 나간다. 결론부터 내리고 시작하자면, 지키는 기도자는 지키는 기도를 통해 탄생한다. 여기 좋은 예화가 하나 있다.

술 한 잔 하려다가 변화된 사람

스펄전이 말했다.

"다독과 정독을 함께 하라. 만약 당신에게 많은 책이 없다면 좋은 책을 골라 여러 번 읽으라. 그 책이 피가 되어 몸속에 흐르기까지 읽고 또 읽으라"(강준민,《목회자의 글쓰기》).

이 조언을 따라 나도 다독을 애쓴다. 매일 한 권 정도의 책을 읽는다. 그러다 좋은 책이라고 느껴지면 천천히 읽기에 들어간다. 반복해서 읽는다. 정독한다. 그중 이민규 박사의 책에 나오는 한 알코올 중독자의 이야기를 소개하고자 한다 (이민규,《실행이 답이다》).

빌(Bill)이라는 남자가 쓰러졌다. 술 때문이었다. 깨어나 보니 병원이었다. 의사가 그랬다. 알코올 중독이 심각하다고, 이제 생명이 얼마 남지 않았다고. 빌은 슬펐다. 한 잔 마시고 기분 전환을 하고 싶었다.

"선생님, 지금 정말 술 한 잔이 필요해요."

곧 죽을 사람이라서 그런지 의사가 허락했다.

"네, 그러세요."

빌은 반신반의했다.

"어? 정말 그래도 되나요? 병원에서요?"

"네, 하지만 조건이 하나 있어요. 옆 병실에 새로 입원한 환자에게 가서 당신의 이 절망적인 상태를 보여주시겠어요?"

"네? 선생님? 그게 무슨 말씀이시죠?"

"당신의 끔찍한 모습을 보여줌으로써 충격을 주어 옆 병실 환자가 술을 좀 끊도록 하려고요."

빌은 의사의 조건에 동의했고 그 환자를 찾아가 왜 술을 마시면 안 되는지 설명하기 시작했다. 그러다가 이상한 일이 생겼다. 자신의 말에 스스로 감동을 받아버렸다. 이야기를 마친 빌은 자기 침대로 돌아와 술을 완전히 끊게 되었고 나중에는 유명한 금주 협회를 세우게 되었다.

철이 철을 날카롭게 한다(잠 27:17). 빌도 그랬다. 홀로는 무뎠는데 남을 돕다 보니 자신도 날카롭게 되었다. 성장했다. 남을 설득하다 보니 자신이 설득된 셈이었다.

혼자서는 중독자일 뿐이었지만, 누군가를 가르쳐본 후에 관점이 바뀌었다. 중독의 경험이 재조명되었다. 중독은 더 이상 문제가 아니었다. 남을 돕는 훌륭한 교보재였다. 이전에는 중독에서 벗어날 생각만 했다면, 이제는 자신의 문제가 남을 도울 수 있다는 새로운 관점이 생겼다.

공자의 말을 빌렸던 이민규 박사의 말을 빌리자면 빌은, 교학상장(敎學相長, 가르치는 자와 학생이 함께 성장)했다.

빌은 결코 건강한 사람이 아니었다. 다른 중독자를 가르칠 만큼 중독을 극복한 사람도 아니었다. 다만 자신의 상황에서 어려움을 나누고 가르치다 보니 자신도 변했다. 마찬가지다.

지키는 기도에도 같은 원리가 적용된다. 누군가를 지킬 정도로 강한 영성의 소유자만 지키는 기도를 할 수 있는 게 아니다. 자신도 연약해서 누군가의 기도를 받아야 할 경우라도 상관없다. 누군가를 지켜야 할 정도로 아끼기만 해도 가능하다. 누군가의 고통이 내 마음에 부담만 되도 된다. 그래서 시작한 기도를 통해 정작 본인도 바뀌게 된다.

기도해주다 보면 지키는 힘을 베푸시는 주님을 경험하게 된다. 그러다 보면 어느새 자신의 문제에 대해서도 다른 관점을 갖게 된다. 스스로를 지키게 된다. 시험을 이기고 악에서 떠나는 힘이 임한다.

지키는 기도를 하는 동안 지키는 기도자로 성장한다. 단순하고 당연한 원리다. 기도해야 기도한다. 어떤 위대한 기도자도 처음에는 연약했다. 날 때부터 기도꾼이었던 사람은 없다(시 51:5). 사랑하는 이의 고통을 자신의 고통으로 짊어진 상황이 있었을 뿐이다. 앞서 등장했던 성경의 인물들도 그랬다. 믿음의 어머니들도 그랬다. 사랑하다 보니 기도했고, 기도하다 보니 기도꾼이 되었다.

기도하는 과정 중에 더 기도해야 했던 성경 인물은 많고 많다. 그중에서도 엘리야는 특히 주목할 필요가 있다. 우리와 성정이 같은 사람이었기 때문이다. 기도하는 동안 기도를 배우는 일에 코치로 적합하다. 야고보서를 보라.

엘리야는 우리와 성정이 같은 사람이로되 그가 비가 오지 않기를 간절히 기도한즉 삼 년 육 개월 동안 땅에 비가 오지 아니하고 다시 기도하니 하늘이 비를 주고 땅이 열매를 맺었느니라 약 5:17,18

기도 코치, 엘리야

엘리야는 선지자 중의 선지자였다.

예수님의 이적 앞에서 사람들은 엘리야가 다시 나타났다고까지 생각할 정도였다(마 16:14). 그는 하늘을 열기도 닫기도 했다. 비가 안 오게도 오게도 했다. 그는 하늘에서 불이 떨어지게도 했고, 말보다도 빨리 달렸으며, 질병이나 날씨뿐만 아니라 죽음조차도 생명으로 바꾼 인물이었다. 그 앞에서는 권력도 꼼짝 못했고 민심도 순응했다. 엘리야는 이 모든 일을 기도로 진행했다.

이렇게 대단한 선지자의 일생에서 가장 주목받는 사건은 갈멜 산 전투다. 홀로 기도 전투를 벌여 우상숭배자들 850인을 물리치고 세상을 뒤집은 싸움이었다(왕상 18:1-40). 꿩

장한 사람이다.

그러나 야고보서에서는 그를 "우리와 성정이 같은 사람"이라고 일축한다(약 5:17). 특별할 것도 위대할 것도 없는 사람, 우리랑 같다는 것이다.

우리와 똑같이 먹고 자고 싸는 사람, 그도 우리도 죄인이기는 마찬가지였다. 다만 차이가 있다면 그는 기도했다. "그가 비가 오지 않기를 간절히 기도한즉…"을 보라. 3년 6개월 동안 비도 이슬도 땅에 내리지 않게 만들었던 것은(다시 내리게 만들었던 것도) 엘리야의 기도 때문이었다. 그러자 하나님이 그의 기도대로 역사하셨다. 사람들의 눈에는 엘리야가 대단한 것처럼 보였다. 하지만 능력의 배후이자 실체는 따로 계셨다.

우리도 주변의 기도꾼들을 대단한 신앙인처럼 볼 때가 있다. 맞기도 하고 틀리기도 하다. 기도자나 기도하지 않는 자나 둘 다 평범하다. 다만 기도에 응답하시는 하나님이 특별하실 뿐이다.

그는 우리와 성정이 같은 사람이었다. 그럼에도 엘리야가 대단해 보인 이유는, 평범한 기도자에게 특별한 응답을 하신 하나님 때문이었다.

지키는 기도자가 되는 과정

누군가에게는 기도대로 역사하시고, 또 다른 누군가에게는 아니다. 거기에는 비밀이 하나 있다. 엘리야를 보면, 그는 하나님의 말씀대로 기도했다. 창조주께서 사랑하시는 이스라엘 백성들을 지키는 기도를 했다. 하나님의 뜻대로 기도하면 무엇이든지 그대로 이뤄진다(요 15:7). 그 내용의 중심에는 비가 있었다. 이야기는 여호수아 정복 전쟁 시대로 거슬러 올라간다.

1. 하나님과 함께 기도

출애굽 백성들 2세대가 가나안을 정복할 때 하나님은 적들을 남김없이 모두 파괴하라셨다(신 20:17). 이유는 우상숭배의 악영향 때문이었고, 이 명령을 어길 경우 심판하겠다고 말씀하셨다(신 7:1-10). 그럼에도 여호수아의 군대는 하나님의 말씀을 어겼고, 이후 이스라엘은 우상숭배에 빠지게 되었다. 당시 농사의 신으로 가나안인들이 섬겼던 바알과 아세라 신이 그 중심에 있었다.

농사에서 비는 매우 중요하다. 진멸하지 않고 남겨둔 가나안인들이 농사를 지으며 비를 바알이 준다고 주장했다. 그러자 하나님의 백성들도 이에 동승했다. 자꾸 바알과 아세라가 비를 준다고 함께 주장하며 우상숭배했다.

이것은 하나님에 대한 반역이었다(출 20:5). 이제 이스라엘은 하나님의 진노 앞에 섰다(왕상 16:33). 망하게 되었다. 그들을 살릴 방법은 신앙 회복뿐이었다. 바알과 아세라를 향한 우상숭배를 멈추고 다시 창조주께 돌아가는 것이 이스라엘을 지키는 길이었다. 엘리야는 이 일을 놓고 기도했다.

이때 하나님은 그의 기도대로 움직이셨다(약 5:18). 그분은 자신의 백성들을 버리지 않으셨다. 엘리야의 지키는 기도에 스며있는 적개심은 우상숭배를 향한 하나님의 마음에서 나왔다(신 4:24). 사랑하는 백성들을 해치는 우상 신앙을 향해 의분을 품고 선지자가 지키는 기도를 했다. 이것은 하나님이 가장 원하셨던 것과 일치하는 간구였다.

2. 공격적 기도

또 하나의 프로세스는 공격적 기도다. 엘리야의 기도를 보라. 그것은 방어적인 기도가 아니었다. 소년이 거인에게 도전할 때만큼이나 적극적이었다(삼상 17:38-51).

그의 기도는 비만 멈추는 것이 아니었다. 이슬도 오지 않게 해달랬다(왕상 17:1). 생각해보라. 이슬조차 없다면 사람과 가축은 물론 잡초도 죽는다. 엘리야의 기도 때문에 벌레조차 씨가 말랐을 것이다.

일반적으로 화가 나면 사람이 지나치게 행동한다. 상대방

이 나를 한 대 때렸는데도 화가 나면 나는 두 대를 때릴 수 있다. 엘리야는 우상숭배에 화가 나 있었다. 이것은 부정적인 것이 아니었다. 지키는 자가 가져야 할 올바른 적개심이자 거룩한 분노였다. 그는 지나치게 기도했다. 비뿐만 아니라 이슬까지 멈추게 해달라고 할 정도로 공격적으로 기도했다. 지키는 기도는 이런 식이다.

만약 자신의 자식을 공격하는 불한당이 있다면, 어떤 아비가 그에게 너그럽겠는가? 당신은 어떤가? 지켜야만 하는 사람이 있는가? 만약 있다면 무엇으로부터 지켜야 하는가? 지키는 기도는 공격적이며 적극적이다. 사랑하는 이들을 공격하는 적대 세력에게 적극적으로 맞서 기도를 하는 것이 지키는 기도의 길이다. 지키는 기도꾼은 거룩한 적의에 휩싸여 기도한다.

엘리야는 우리와 성정이 같은 사람이다. 그러나 위대한 기도자가 된 데에는 환경의 요구가 있었다. 우리에게도 같은 원리가 통한다. 평범한 사람 누구나 지키는 기도꾼이 될 수 있다. 기도의 상황이 당신을 기도꾼으로 만들어준다. 당신이 지켜야 하는 사람들의 심각한 문제가 당신을 지키는 기도꾼이 되도록 안내한다. 이때 우리는 지나친 기도를 서슴지 않고 하게 된다.

3. 지속적 기도

공격성은 지속성과 연결된다. 적의가 강할수록 끈질기게 항전한다. 엘리야를 보면, 그가 기도한 후 극심한 가뭄이 시작되었다. 기도대로 되었다. 그러나 기도를 멈출 수 없었다. 일이 완성될 때까지 3년 반을 더 기도했다.

기도 응답으로 받은 가뭄 직후, 하나님께서는 그를 기도 장소로 인도하셨다. 처음에는 그릿 시냇가로, 다음에는 사르밧 과부네로 이끄셨다(왕상 17:3,9).

거기서 선지자가 가뭄을 났다. 시체 뜯어먹고 사는 까마귀가 물어다 준 음식을 먹으며 지냈고, 밀가루 한 줌으로 최후의 만찬을 하고 죽겠다는 과부에게 얻어 먹으며 살았다(왕상 17:6,15). 두 군데 다 기도하기 최적의 장소였다. 아니, 기도할 수밖에 없는 곳이었다. 왜 그랬는지 설명하려면 먼저 까마귀와 과부가 어떤 존재인지 살펴봐야 한다.

까마귀는 시체를 가까이하는 짐승이다. 구약에서는 죽음 뿐만 아니라 까마귀 자체도 부정한 것으로 다룬다(레 11:8, 13-19). 시체 뜯어먹는 새가 음식물 조각을 물어다 주었다면 그리 좋은 느낌은 아니었을 것이다. 또 그 조각의 크기도 작았을 것이다. 새 한 마리가 물어오는 음식이 성인 남자가 배불리 먹을 만한 양이었을 리가 없다.

또한 과부는 약자 중의 약자였다. 고대 근동 지역에서 여자의 위치는 가축보다 낮았다. 경제활동도 전혀 할 수 없었다. 그런데 남편까지 잃었다는 건 굶어 죽게 된 것이나 다름없었다. 사르밧 과부는 일반 과부도 아니었다. 돌봐야 할 어린 아들도 있었다(왕상 17:12,19).

까마귀와 과부의 공통점은 당시 문화에서 가장 낮고 천했다는 것이다. 이들은 아무것도 줄 게 없는 더럽고 가난한 존재들이었다. 그런데 엘리야같이 위대한 하나님의 사람이 거기 가서 얻어먹으며 지냈다. 이보다 더 낮은 곳은 없다. 하나님이 기도꾼을 그곳으로 보내셨다. 까마귀보다도 낮고, 과부보다 못한 자리.

엘리야가 무엇을 의지했겠는가? 까마귀에게서 얻어먹는 사람이 뭘 내세우겠는가? 과부네 집에 얹혀사는 유대 남자가 어디 가서 명함이나 내밀겠는가? 그에게는 아무것도 없었다. 할 수 있는 일도, 낼 수 있는 소리도 없었다.

나는 궁금하다. 대체 엘리야는 거기서 3년 반이나 무엇을 하며 지냈을까? 가장 낮은 곳에서 한 일은 무엇이었을까?

야고보서의 기록에 의하면 그의 기도로 비가 안 왔고, 다시 기도로 비가 왔다. 이 기간의 시작과 끝에 기도가 있다. 열왕기상의 앞뒤 맥락을 봐도 그렇다. 그에게는 기도뿐이었다. 가뭄 내내 엘리야는 아무도 알아주지 않는 곳에서 홀로 기도했다.

그의 위대한 기도 응답은 그를 다시 기도의 자리로 안내했다. 거기서 지키는 기도를 42개월이나 지속했다. 그 기도는 이후로도 계속됐다. 가뭄을 끝냈던 갈멜 산 위에서도, 큰 승리를 거둔 후 이세벨의 추격을 받을 때도, 로뎀나무 아래서 죽기를 바랄 때도, 후계자를 세우고 승천하기까지도 계속 기도해야 했다. 하나님이 그렇게 인도하셨다. 그는 순종해서 기도하는 자리로 갔다.

시간도 하나님의 말씀을 바꾸지 못한다. 엘리야의 하나님은 오늘 당신에게도 같은 일을 하고 계신다. 지키는 기도를 '지속'하도록 인도하신다. 거기에는 이유가 있다. 지속하는 과정을 통해 평범했던 사람이 점차 지키는 기도꾼으로 성장한다. 연단을 통과해야 능력 있는 사람이 된다. 기도꾼이 된다.

4. 연단의 기도

엘리야가 기도를 지속했던 장소들을 보며 이런 생각이 들었다.

'까마귀에게 얻어먹은 건 그렇다 쳐도 과부네 집은 진짜 뭔가? 체면은 떨어지겠지만 까마귀 걱정은 별로 할 것 없지 않은가? 혹시라도 가뭄 중에 먹을 걸 날라주다가 굶어 죽더라도 큰 부담이 없지 않은가? 그런데 과부네 집은? 아, 마음이 어렵다. 왜 그를 돕도록 인도하신 곳이 오바댜 같은 능력 있고 가진 것 많은 사람이 아니라 고작 과부네 집(왕상 18:3-5)인가?'

그러고 보니 내게도 비슷한 경험이 있었다. 교회 개척을 시작할 때였다. 교회론과 개척 비전을 준비하며 기도했다. 사역 중 필요한 금액, 특히 생활비와 자녀 교육비를 달라고 기도했다. 그 과정에서 떠오르는 사람들이 있어서 후원자 모집에 들어갔다. 교회론과 개척 비전을 프레젠테이션하며 소개하고 후원 방법을 알려주었다.

그러다 연세가 지긋한 권사님에게 답이 왔다. 매월 3만 원씩 2년 동안 후원하고 싶어 하셨다. 마음이 너무 어려워 처음에는 거절했다. 독거노인이셨기 때문이다. 몸도 편찮으신데 매일 폐지를 주워 팔아 생활비에 보태셨다. 한 달 내 내 일해서 버는 돈이 3만 원쯤 되었다.

그런데 그 전부를 내게 보내고 싶어 하셨다. 고민이 되었다. 계좌를 알려드리기가 힘들었다. 그래서 일단 받지 않고 나중에 이야기하자며 기도하러 갔다. 나는 하나님께 하소연했다. 눈물로 목이 멨다. 컥컥대며 기도했다.

'하나님! 제가 어떻게 이 3만 원을 받겠습니까? 당신은 창조주가 아니십니까? 세상 모든 것이 주님의 소유이지 않습니까? 꼭 이렇게 하셔야 합니까? 그냥 당신의 소유물 중 극히 일부만 제게 덜컹 떨어뜨려 주셔도 저는 후원 모집을 안 해도 되었을 텐데요. 독거노인 분에게까지 생활비 도움을 받아야 합니까? 하늘에서 만나와 메추라기를 내리신 분이시니, 다른 방법으로 주시면 안 됩니까?

세상에는 그 권사님보다 잘사시는 분이 많고도 많지 않나요? 제가 도와드려야 할 분 같은데, 왜 제가 이렇게 받아야 합니까? 3만 원이면 커피 몇 잔 사 먹으면 없습니다. 그러나 이 분에게는 정말 큰돈입니다. 주님, 정말 제게 이렇게까지 하셔야겠습니까?'

기도하는 내내 눈물이 멈추지를 않았다. 은혜를 받아서가 아니었다. 하나님이 이해되지 않고 원통해서 그랬다. 내가 고작 3만 원 때문에 이렇게 마음고생을 해야 하나 싶었다. 그렇게 고집스럽게 지속하며 기도하는데 마음속에 감동이 일었다. 꼭 성령님의 음성 같았다.

'준기야, 그 3만 원도, 그 딸도 둘 다 내 소유란다.'

나는 충격을 받았다. 내 말과 생각이 다르다는 사실을 기도하다 깨달았다. 내가 주저 없이 권사님의 3만 원을 받을 수 없었던 이유는 알고 보니 악하기 그지없었다.

권사님은 하나님께서 그리스도의 피 값 주고 사신 하나님의 소유였다. 그리고 후원금이 필요했던 원인인 개척 사역도 교회도 하나님의 것이었다. 모두 하나님의 것이었다.

3만 원은 내 것이 아니었다. 후원자를 모집하는 이유인 사역도 내 것이 아니고, 세우게 될 교회도 내 것이 아니었다. 그러나 자꾸만 내 것이라는 착각이 있었다. 그 권사님의 헌신도 나를 위한 것처럼 보였다. 여기에 심각한 오류가 있었다. 기도하기 전에는 내 안에 이중적인 생각이 있다는 사실을 전혀 몰랐다. 그러나 기도하자 깨달았다.

나는 분명히 하나님께 이렇게 기도했다.

'이것이 내 일입니까? 당신의 일 아닙니까?'

그러나 기도하니 그 말의 이면에 숨어있는 어두운 생각이 보였다. 말은 그렇게 하면서도, 마음 깊은 곳에는 교회 개척이 내 일이라는 생각이 있었다. 그러니 후원도 내 것인 줄 착각이 되었고, 헌금하시는 분도 내게 하신다는 생각을 했다. 하지만 진실은 그 반대였다. 3만 원도, 폐지 주워 사시는 할머니도, 나도, 개척 사역도 모두 하나님의 것이었다.

하나님께서 하나님의 뜻대로 일하시는데 내가 중간에 끼어들어 모두 내 것처럼 생각했다니 슬프고 부끄러웠다. 내가 중간에서 그동안 마음으로 가로챈 다른 헌금은 없는지 되뇌며 회개했다. 하나님이 맡기신 교회를 내 것이라 생각했던 교만도 회개했다. 과부의 두 렙돈을 받으시는 하나님이 그보다 큰 것으로 과부에게 갚으실 것이었다. 내가 개입해서는 안 되는 문제였다.

기도를 마친 후, 나는 아무 말 없이 그 3만 원을 받았다. 다른 길이 없었다. 권사님이 하나님께 드리는 3만 원이었고, 하나님도 기쁘게 받으시는 3만 원이었다. 그 중간에서 매개체 역할을 해야 하는 나는 할 말을 잃었다. 그리고 납작 엎드렸다. 개척 사역을 준비하는 내내 할 말이 없었다.

누가 10만 원을 보내든 100만 원을 보내든, 계속 그 3만 원이 생각나서 울었다. 기도하다 울고, 커피 사 마시다 울었다. 사역에 들어가는 모든 비용이 다 그 3만 원으로 보였다. 1만 원도 1천 원도 정말 하나님이 기뻐하시는 일에 기도하며 사용하는 법을 나는 거기서 배웠다.

참! 발견한 것이 하나 더 있었다. 이것도 기도하며 깨달은 내용이다. 부끄럽게도 나는 거만한 판단을 했다. 그 권사님은 '내가 도와야 할 사람'이라는 생각이었다. 그 자체는 구제의 관점에서 옳을지 몰라도, 헌금 행위 앞에서는 잘못된 것이었다. 내가 누구길래 헌금 행위를 감히 막아서겠는가? 전부를 드리는 헌신자를 "축복하소서"라고 하기보다 "불쌍하다"라고 판단하는 나는 뭐하는 사람인가?

하나님께서는 그 헌금을 보내던 2년간 계속 질문하셨다. 정말 내가 주님의 종인지 아니면 내 일을 하는데 주님을 이용하는 인간인지 시험하시는 것만 같았다. 매달 3만 원을 받을 때마다 내 위치를 재확인했다. 나는 독거노인 권사님이 보내주시는 3만 원보다 아래에 있어야 하는 존재다. 작은 자다. 섬기는 자다. 헌금을 받는 사람이다. 개척자다. 목사다. 사역자다. 그래서 기도해야 하는 사람이다.

다시 엘리야의 이야기로 돌아가자. 그는 까마귀에게 얻어먹고 과부에게 빌붙어 살았다. 그의 마음을 상상하다 보면 하나님의 은혜가 엿보인다. 하나님은 기도자에게 기도를 지속할 수 있는 낮은 곳을 허락하신다. 그러한 인도하심에는 거룩한 이유가 있다. 그것은 연단이다. 기도를 지속해야 인내가 생기고 믿음이 강해진다.

그분은 당신에게도 같은 일을 하실 것이다. 과부의 전부를 요구했던 엘리야를 보라(왕상 17:13). 이미 까마귀보다 아래 있었던 엘리야가 이번에는 과부에게 얻어먹음으로써 자신을 더 낮추었다. 그는 스스로를 과부보다 높이는 일을 하지 않았기에 그녀의 전부를 요구할 수 있었다.

기도꾼은 자신을 낮추고 하나님을 높인다. 그는 과부네 집에 가서 얻어먹고 살았던 게 아니었다. 그는 단지 하나님의 명령에 순종했던 선지자였다(왕상 17:9). 거기서 하나님은 3년 6개월간 그를 계속 기도시키셨다. 순종한 엘리야는 낮은 자리에서 거룩한 연단을 받을 수 있었다. 사르밧 과부는 하나님이 책임지셨다. 그녀는 기적을 경험하며 축복을 받았다

(왕상 17:14-16). 이 축복은 엘리야 때문이 아니었다. 하나님 때문이었다. 과부네 집에서 하나님의 소유 아닌 것은 아무것도 없었다. 거기서 기도꾼은 연단을 받았다.

우리에게도 같은 원리가 적용된다. 지키는 기도꾼은 기도를 지속할 수밖에 없는 낮은 자리로 가게 된다. 그는 기도를 지속하게 하시는 하나님의 연단 훈련 프로그램 안에 있다.

5. 승리의 기도

열왕기상 17장의 도입부를 보면 엘리야는 가뭄의 정확한 기간까지 말씀드리지는 않았다. 다시 말해 3년 6개월이라는 기도 연단의 시간 제한을 몰랐다. 엘리야 편에서는 끝이 정해지지 않은 기도 여정이었다.

이것은 마치 신랑을 기다리는 신부의 모습과 같다. 종말론적이다. 열 처녀 비유를 떠올려보라(마 25:1-13). 신랑이 언제 올지 모르고 기다렸다. 이 기다림은 두 종류의 사람을 만든다. 하나는 믿음을 떠나 아예 결혼식 준비를 소홀히 해버리는 사람들이다(마 25:3). 반면 다른 사람들은 더욱 준비에 박차를 가하며 매 순간 언제든 결혼식에 참석할 수 있도록 깨어있었다(마 25:4).

지키는 기도를 하다 보면 광야 가장 낮은 곳으로 안내받아, 기약 없이 지속되는 기도 훈련에 들어간다. 그곳은 외롭게 홀로 기도하는 장소이다. 거기서 기도꾼으로 연단받는다.

지키는 기도를 멈추면 안 된다. 계속 훈련받아야 한다. 그때 승리가 가깝다. 시험 준비를 시험 전에 해야 하듯, 믿음도 미리 준비해야 한다. 매 순간 기도하며 믿음의 수준을 높여야 한다.

기름 그릇을 지키는 기한이 혼인잔치 때까지였듯, 지키는 기도의 기한은 그리스도의 재림 때까지다. 엘리야가 끝을 알지 못하고 기도했듯, 우리도 주님 다시 오실 날을 모르고서도 매일 기도한다. 깨어있는다. 기도로 기름 그릇을 준비한다. 승리의 날까지.

그런즉 깨어있으라 너희는 그 날과 그 때를 알지 못하느니라

마 25:13

사랑하는 사람이 있는가?
이들이 겪고 있는 온갖 문제들에 마음 졸이며
'내게 지킬 힘만 있다면…'이라고 생각해본 일은 없는가?
문제와 고통으로부터 건져주고 싶은 사람들은 누구인가?
만약 지켜야 할 사람들이 있다면
당신이 먼저 기도하며 깨어있어야 한다.

기도 풍당풍당 하면 시험에 빠져

마음 하나 제대로 지킬 수 없게 된다(마 26:41).

그러면 다른 영혼들을 돌볼 여력이 없다.

천국은 말이 아니라 능력에 있으니

기도로 끌어다 써라(고전 4:20).

기도로 하늘의 열매를 구하라.

예수님이 만물의 주인이시니

자만을 멈추고 엎드려 울어라(롬 11:36).

정신을 똑바로 차리고 시험에 빠지지 않도록

깨어 기도하며 마음을 지켜라.

애부터 살려서는 애를 살릴 수 없다

예수께서 나가사 습관을 따라 감람 산에 가시매
제자들도 따라갔더니 눅 22:39

비행기에 승객들이 차례로 들어선다.
유니폼을 맞춰 입은 승무원들의 표정이 환하다.
내 자리는 맨 뒤다.
교회에서 함께 제자 모임 중인 지체들이
자리를 찾아 앉는 것이 보인다.
곧 도착할 필리핀 비전트립 이야기로 소란하다.
자리에 앉자마자 이들을 위한 기도부터 시작한다.
한 번에 한 사람씩 이름을 불러 주님께 올려드린다.
기도로 지키는 영혼들,
때로는 내 생명보다 중요하게 느껴지는 인생들이

지금 같은 장소에 있다.

보이지 않는 다른 장소에 있어도 기도할 텐데,

천금 같은 기회다.

기도를 시작하며 한 사람씩 살핀다.

뒤통수조차 사랑스럽다.

마치 성령님이 한 사람씩 끌어안고 계시는 것만 같다.

가능하다면 일일이 가서 안수하며 기도해주고 싶다.

시야를 승무원이 가린다.

이륙 안전교육이 진행 중이다.

"아이를 동반하신 승객께서는

보호자가 먼저 산소마스크를 착용하시고

그다음 아이들에게 씌워주세요."

맞는 말이다.

먼저 죽으면 끝이다.

일단 부모부터 살아야 자식도 살린다.

생명의 목적이 사랑에 있다.

"네가 살아야 이 제자들도 산다"라는 말로 들린다.

코끝이 찡하다.

하나님의 말씀 같다.

주먹을 불끈 쥔다.

몇 년 전 번아웃 되었던 때가 또 생각난다.

기도하지 않았더니 기도할 수 없게 된 실패의 기억.

두 눈을 질끈 감고 고개를 좌우로 흔든다.

그리고 중얼거린다.

'정신을 차려 기도하며 반드시 이들을 살리자.

사랑하는 사람들을 지키려면 나부터 살아있어야 한다.

살리려면 여력이 필요하다.

그냥 숨만 깔딱거리는 정도로는 안 된다.

쿵쾅대는 기도 심장으로 혈관마다 펄떡이는 산 자가 되자.

기도만큼은 이기심도 이타심이다.

죽기 살기로 나부터 살아야 남도 살리니 더욱 기도하자.'

나는 평생 기도해왔다.

나름 "기도하는 목사"로 불린다.

그러나 기도만큼 힘든 일은 지금까지 없었다.

거의 성공한 적이 없고,

대부분의 사역현장에서 기도에 실패한다.

지금도 하루하루가 위태롭다.

매번 기도가 하기 싫다.

일주일에 한 번만 하라면 좋겠는데

항상 해야 하는 일이라고 성경이 말하니 힘들다.

이벤트라면 상대적으로 쉬울 텐데
'일상'이어야 한다니 어렵다.

기도할 때마다 느낀다.
근본적으로 이 일은 나랑 안 맞다.
기도는 지나치게 거룩한데 나는 지나치게 안 거룩하다.
오죽하면 문제가 생기기 전에는
기도의 필요성조차 잘 못 느끼고 있었겠는가.
정말 기도밖에 다른 길이 없을 때까지는
기도 동기조차 안 생긴다.
그런 의미에서는 문제조차 거룩하게 보인다.
기도 동기를 제공하니까.
그렇다고 문제 상황만 기도 이유가 되게 둘 수는 없다.
문제기도는 신앙의 초보 때나 하는 것이다.
기도 걸음마 같은 것이다.
언제까지 같은 자리만 맴돌 수는 없다.
중급이나 고급으로 성장하려면
문제 바깥에서도 기도해야 한다.
치고 나가야 한다.
어려운 일이 안 어려운 일이 될 때까지
계속해야 한다.

꼭 해야만 하는 일인데도 불구하고

전혀 할 수 없다면 방법은 하나다.

습관을 만드는 것이다.

하지만 습관화의 길에는

기도를 시작할 수준의 에너지가 필요하다.

최초의 동기 같은 것이 필요하다.

이것을 해야만 하는 불멸의 이유가 있어야 좋다.

처음 기도를 발사시키는 기도 동기 추진력이 필요하다.

인공위성을 로켓에 실어 쏘아올린다고 가정해보자.

최초로 밀어올리는 추진력의 에너지가 필요하다.

하지만 궤도에 진입시킬 때는

지구 인력과 원심력이 평형을 이룰 정도의

에너지만 있으면 된다.

그리고 진입한 후에는 거의 필요 없어진다.

기도도 그렇다.

최초의 기도 동기에 가장 큰 힘이 필요하다.

그것은 '사랑'이다.

지켜야 할 사람을 향한 마음만 있다면

기도를 시작할 수 있다.

여기에는 두 가지 요소가 있다.

하나는 사랑하는 사람이고,

다른 하나는 그가 겪고 있는 문제 상황이다.

그렇다면 질문이 생긴다.

"당신은 누구를 사랑하고 있는가?"

한번은 교회 한켠에서 어린아이의 기침 소리가 들렸다.

'누가 지난밤에 이불 차고 잤나 보다'라고 쉽게 생각했다.

돌아보니 내 딸이었다.

순간 별의별 생각이 다 들었다.

'내가 무슨 죄를 지었기에 아이가 기침을 하나?

혹시 폐렴은 아닐까? 이걸 어쩌지?

오 주님, 제 죄를 사하시고 불쌍히 여겨주셔서

폐렴일지도 모를 이 더러운 질병으로부터 깨끗하게…'

무슨 말을 하려고 하는지 짐작했겠지만,

이 염려는 사랑 때문이다.

평소에 아무리 기도 안 하더라도

내 딸이 아프다면 이야기가 달라진다.

내 자식의 문제는 남의 자식의 것과 다르게 다가온다.

그래서 기도를 시작한다.

그리고 사랑만큼 지속한다.

나을 때까지 반복한다.

생각해보라.

누군가의 문제가 신경 쓰였던 적이 있는가?

혹시 사랑하는 사람이 있다면 그는 누구인가?

그에게 지금 당면한 어려움은 무엇인가?

만약 이런 질문들에 조금이라도 대답할 대상이 있다면

당신도 지키는 기도 습관을 만들 준비가 되었다.

실전은 말이 아니다.

몸에 밴 기본기만이 싸움에 적용 가능하다.

여기에 고수의 길에 이르는 두 개의 표지가 있다.

하나는 몸에 스밀 때까지 반복하는 기본기이고,

다른 하나는 현장에서 직접 적용해보는 실행이다.

고수는 이 둘이 반복되는 과정에서 제련되어 탄생한다.

한낱 검술 연마에도 이런 도가 있다.

흥미롭게도 성경은 성령님을 검에 비유한다(엡 6:17).

그래서 검도의 원리가 예사롭지가 않다.

거기 빗대어 보자면, 성령 검을 휘두르려면

기본기 훈련이 필수다.

그것은 기도다.

말씀 연마뿐만 아니라

무한히 반복하는 기도 연습이 고수를 만든다.

기도 기본기가 정신과 영혼에 깊이 배어있는 사람은

문자적 지식 전달만으로 탄생할 수 없다.

그는 기도로 직접 실전을 통과하며

매 순간 성장함으로써 만들어진다.

결국 기도 반복이 영적 고수를 만든다.

그대는 크리스천이다.

고수가 되려면 지금 사랑하는 사람을 위해

지키는 기도를 시작하라.

그리고 매일 실행하며 반복하라.

사랑하는 만큼 기도하고, 기도하는 만큼 사랑하라.

그 과정에서 성장하는 자신을 발견하며 더욱 기도하라.

그대는 그리스도의 제자이니 주를 좇아

기도 루틴을 무한히 반복하라.

몸에 밴 기도로 이기심과 이타심을 넘나들며

모든 인생 챕터마다 실전 경험을 통과하라.

복음의 검술을 시퍼렇게 익혀두라.

그리스도의 날까지 날마다 성장하라.

우리가 다 하나님의 아들을 믿는 것과 아는 일에 하나가 되어
온전한 사람을 이루어 그리스도의 장성한 분량이
충만한 데까지 이르리니 엡 4:13

지키는 기도

초판 1쇄 발행	2020년 2월 14일
지은이	송준기
펴낸이	여진구
책임편집	김아진 정아혜
편집	이영주 김윤향 최현수 안수경 최은정
책임디자인	노지현 조은혜 | 마영애 조아라

기획 · 홍보	김영하	해외저작권	기은혜
마케팅	김상순 강성민 허병용	마케팅지원	최영배 정나영
제작	조영석 정도봉	경영지원	김혜경 김경희

이슬비전도학교	최경식	303비전성경암송학교	박정숙
303비전장학회 & 303비전꿈나무장학회	여운학		

펴낸곳   규장

주소   06770 서울시 서초구 매헌로 16길 20(양재2동) 규장선교센터
전화 02)578-0003   팩스 02)578-7332
이메일 kyujang0691@gmail.com   홈페이지 www.kyujang.com
페이스북 facebook.com/kyujangbook   인스타그램 instagram.com/kyujang_com
카카오스토리 story.kakao.com/kyujangbook
등록일 1978.8.14. 제1-22

ⓒ 저자와의 협약 아래 인지는 생략되었습니다.
이 출판물은 저작권법에 의해 보호를 받는 저작물이므로 무단 전재와 무단 복제를 할 수 없습니다.

책값 뒤표지에 있습니다.
ISBN 979-11-6504-052-9 03230

규 | 장 | 수 | 칙

1. 기도로 기획하고 기도로 제작한다.
2. 오직 그리스도의 성품을 사모하는 독자가 원하고 필요로 하는 책만을 출판한다.
3. 한 활자 한 문장에 온 정성을 쏟는다.
4. 성실과 정확을 생명으로 삼고 일한다.
5. 긍정적이며 적극적인 신앙과 신행일치에의 안내자의 사명을 다한다.
6. 충고와 조언을 항상 감사로 경청한다.
7. 지상목표는 문서선교에 있다.